Peter Nowotny

Frei von Angst und Panik

Peter Nowotny

Frei von Angst und Panik

Ein praktischer Ratgeber zur Selbsthilfe

Tyrolia-Verlag · Innsbruck-Wien

Mitglied der Verlagsgruppe „engagement“

Die Deutsche Bibliothek – CIP-Einheitsaufnahme
Nowotny, Peter:
Frei von Angst und Panik : ein praktischer Ratgeber zur Selbsthilfe /
Peter Nowotny. – Innsbruck ; Wien : Tyrolia-Verl., 1998
ISBN 3-7022-2162-X

1998

Umschlagbild: © Tony Stone Bilderwelten, Wien
Umschlaggestaltung: Mag. Elke Staller
Illustrationen: Christian Urbanek
Satz: Satzstudio Schöpf
Druck und Bindung: Athesia-Tyrolia Druck, Innsbruck
ISBN 3-7022-2162-X

Inhalt

Vorwort 7
Selbsterfahrung 9
Es war ein Tag wie jeder andere 11
Angst 17
Ich bin mit der Angst per du 23
Angst vor der Angst 25
Depressionen 27
Drängende Fragen 33
Die Funktion des Unterbewußtseins 40
Vergangenheit 49
Heute beginnt ein neues Leben! 51
Die Wunderwelt der Gedanken 59
Die positive Schwingung 66
Einfache Wege zur Selbstheilung 70
Positiv denken, aber wie? 76
Meditation 79
Liebesbriefe an den Körper 94
Energie durch Kinesiologie 100
Zwischen gestern und heute 111

Vorwort

Die Vorstellung einer Welt, eines Lebens ohne jede Angst mag faszinierend sein, wäre aber unmenschlich; sich Angstlosigkeit einreden zu lassen, wäre außerdem hoffnungslos dumm. Angst gehört zum Menschen, ein Leben ohne Angst gibt es nicht, das wissen wir alle aus eigener Erfahrung. Daher ist es auch nicht Ziel des Buches, zu Angstfreiheit anzuleiten – dies ist mit dem Titel nicht gemeint.

Man muß unterscheiden: Es gibt eine Angst, die heilsam ist, den Menschen schützt, Kräfte mobilisiert, sensibel und hellsichtig macht; diese Angst müssen wir erfahren, um wirklich Mensch zu werden. Und es gibt eine Angst, die krankhaft ist, die Seele zuschnürt, den Körper verkrampft und uns jede Handlungsfähigkeit nehmen kann. Für diese Angst gilt der Buchtitel als Programm.

Hier meldet sich ein Betroffener zu Wort, der alle Tiefen von Angst, Panik und Depression durchgemacht hat und ganz konkret seinen Weg aus diesem Teufelskreis schildert. Für den Autor war kein normales Leben mehr möglich und der völlige Zusammenbruch schien unausweichlich. So ist ein Ratgeber entstanden, der aufzeigt, wie man mit Angst umgehen und aus eigenen Kräften überwinden kann: durch die Arbeit an der eigenen Persönlichkeit, durch Aktivierung von positivem Denken und der mentalen Kräfte, durch die Kenntnis von seelischen Ursachen und körperlichen Symptomen, durch liebevollen, achtsamen Umgang mit dem eigenen Körper und nicht zuletzt

durch Meditations- und Entspannungsübungen, die auf ein besseres Körper- und Selbstbewußtsein abzielen.
Wir müssen lernen, mit unserer Angst umzugehen, indem wir uns auf sie einlassen, sie dadurch in Lebenskraft wandeln und wir freier werden können. Flucht vor der Angst ist keine Lösung; wer vor ihr davonzulaufen versucht, den holt sie erst recht wieder ein. So erzählen Märchen, daß das Ungeheuer gebannt wird, wenn man ihm ins Auge sieht. Dadurch kann es gelingen, das Leben neu zu beginnen und vor allem aktiv nach eigenen Ideen zu gestalten.
Selbstverständlich will und kann das Buch nicht die medizinische und therapeutische Behandlung von Angststörungen, Panikattacken und Depressionen ersetzen, aber sehr wohl hilfreich ergänzen. In diesem praktischen Ratgeber zur Selbsthilfe hat Herr Peter Nowotny seine persönlichen Erfahrungen und seine bewußtseinserweiternden Erkenntnisse zusammengefaßt und überzeugend dargestellt, wie er wieder zu einem gesunden, glücklichen und dynamischen Leben zurückgefunden hat.

R. Carpenter

Selbsterfahrung

Dieses Buch habe ich geschrieben, weil ich meine Erfahrungen, die ich über viele Jahre durch mein eigenes Leiden und die Arbeit mit Betroffenen erworben habe, mit Ihnen teilen möchte.

Wenn Sie unter Ängsten und Depressionen leiden, sollten Sie auf jeden Fall zunächst ärztliche und therapeutische Hilfe in Anspruch nehmen!

Aber Sie sollten sich auch bewußtmachen, daß Sie sich in erster Linie selbst helfen müssen. Niemand anderer kann das für Sie tun. Die Ursachen Ihrer Probleme liegen in Ihnen selbst, in Ihrer Psyche, Ihrem Unterbewußtsein.

Sehen wir uns das an einem einfachen Beispiel an: Sie haben einen Computer. Dieser hat im Lauf der Zeit eine Menge Programme eingespeichert, die mittlerweile wertlos sind, den normalen Ablauf aber behindern, weil sie ihn immer zum Absturz bringen. Was ist der logische nächste Schritt? Sie entfernen die störenden Programme und programmieren Ihren Computer neu, nach Ihren persönlichen Bedürfnissen. Ähnlich funktioniert das mit unserer Psyche. Wie Sie das bewerkstelligen können? Darum geht es in diesem Buch.

Ich weiß, wovon ich spreche. Ich habe selbst jahrelang unter schweren Depressionen und Ängsten gelitten, alles verloren: Freunde, Familie, Beruf, Geld, mein Haus, mein Selbstvertrauen, meine Fröhlichkeit, den Glauben an das Schöne …

Ich war berufsunfähig und konnte mich nur mit Hilfe

schwerer Medikamente halbwegs über Wasser halten. Völlig energielos, gefangen in meiner Wohnung, gab es für mich nur Angst, Verzweiflung und Depression. Als die Ärzte dann auch noch Diabetes bei mir feststellten, eine schwere Form, bei der ich Insulin spritzen mußte, und mich jetzt zusätzlich noch mit der Tatsache konfrontiert sah, meine körperliche Gesundheit zu verlieren, dachte ich, dies sei das Ende. Durch den Diabetes ließ auch meine Sehkraft nach, es gab nur mehr Angst! – vor der Angst?, vor der Depression?, vor der Ungewißheit?, vor dem körperlichen Verfall?, auf jeden Fall vor der Zukunft!
Ein Freund brachte mir in dieser Situation ein Buch über positives Denken und lieferte mir damit den entscheidenden Anstoß, meinem Leben eine völlig andere Richtung zu geben. Heute lebe ich wieder glücklich, gesund und unbeschwert, ohne jegliche Medikamente. Für Sie, liebe Leserinnen und Leser, drehe ich das Rad der Zeit noch einmal zurück.

Es war ein Tag wie jeder andere …

An einem Tag, wie jeder andere, ging ich auf der Straße und konnte plötzlich nicht mehr weiter! Mir wurde schwindelig und ich fühlte mich, als würde mir der Boden unter den Füßen weggerissen. Eine unbeschreibliche Panik stieg in mir hoch. Ich lehnte mich an die nächste Hausmauer und dachte: „Jetzt ist es aus!“ Nach ein paar Sekunden war der Spuk vorbei.
„Gott sei Dank!“ dachte ich und ging ein paar Schritte weiter. Sofort ging es wieder los. Es war keine Einbildung, es war kein Spuk, es war Tatsache! Ich konnte es nicht fassen. Aus heiterem Himmel bekam ich Angstzustände, die für mich nicht erklärbar waren. Jetzt war es mit meinem Mut vorbei! Ich hielt Ausschau nach einem Taxi, aber es dauerte zehn endlose Minuten, bis endlich eines anhielt.
Zu Hause angekommen, war mir auch nicht wohler. Der Schreck war zu groß. Ich saß ganz still da und war wie hypnotisiert! Ich dachte über mein Leben nach. Was war geschehen, was hatte diesen Angstanfall ausgelöst? Plötzlich ging es wieder los! Wieder dieses furchtbare Gefühl, die Besinnung zu verlieren – wahnsinnig zu werden! Ich griff zum Telefon und konnte den Hörer kaum halten. Nur mit Mühe gelang es mir, den Notarzt anzurufen. Danach folgte ein langes, banges Warten. Endlich kam er!
„Guten Tag, was gibt es?“ fragte der Arzt. Ich versuchte, so gut es ging, meinen Zustand zu schildern, in der Hoffnung, daß er mir erklären könnte, was mit mir los sei, doch davon war keine Rede. Er gab mir etwas zu trinken und

dann eine Spritze. Das war vorerst alles. Nach zirka zehn Minuten besserte sich mein Zustand. Das Mittel schien zu wirken. Ich konnte aber keine seelische Erleichterung empfinden. Der Panikanfall war zwar vorbei, aber eine schwere, tiefe Traurigkeit legte sich über mich...
Nach zwei Stunden kam die nächste Attacke! Alles wie beim ersten Mal. Nein, es war noch viel schlimmer, denn ich hatte jetzt begriffen: Das wiederholt sich! Das kommt immer wieder! Das ist nicht mehr aufzuhalten! Das Mittel wirkt also nur kurze Zeit, und dann kehren diese Zustände wieder!
Ich war verzweifelt! Ich wollte nicht mehr! Es ist aus! Alles ist aus! Vorbei! Meine Panik steigerte sich ins Unermeßliche! Das werde ich nie mehr los! Wer weiß, was da noch alles kommt! Ich war in das tiefste, schwärzeste Loch gefallen, das es gibt! Entsetzen und Depression wechselten sich ab. Beides war negativ. Alles war negativ! Ich sah keine Hoffnung. Nun war es passiert, was ich nie gedacht hätte. Ich hatte Angst! Angst vor den einfachsten Dingen des Lebens: vor dem Einkaufen, vor dem Spazierengehen, vor dem Zu-Hause-Sitzen, vor dem Alleinsein, vor dem Straßenbahnfahren..., einfach vor allem Angst! Ich ließ mich vorerst einmal krank melden. Ich konnte natürlich in der Firma nicht sagen: „Ich habe Angst!“ Also erfand ich eine Ausrede, irgendwelche körperlichen Unpäßlichkeiten...
Oft war der Notarzt da, weil ich die Angst- und Panikattacken ohne Hilfe nicht ertragen hätte. Mein Leben änderte sich von einem Tag auf den anderen. Vom aktiven Leben zur passiven Traurigkeit, sprich Depression. Die

Welt war weit entrückt. Ich sah alles nur durch einen grauen Schimmer, hatte die Beziehung zur Realität verloren. Es herrschte nur mehr tiefe Niedergeschlagenheit, die fallweise durch schwere Angstzustände unterbrochen wurde. Mein Krankenstand nahm bedrohliche Formen an. Drei Monate zu Hause, keine Besserung – im Gegenteil, alle meine Kräfte waren verschwunden. Längst hatte ich den Weg zum Nervenarzt eingeschlagen. Doch es gab nur ganz kurze Momente, wo die Angst besiegt schien. Antidepressiva und Beruhigungsmittel in allen Stärken und Variationen wurden ausprobiert. Der Erfolg stellte sich nicht ein.
Einmal war es so schlimm, daß ich meinen Arzt um eine Überweisung in ein Krankenhaus ersuchte. Dort verbrachte ich einige Tage. Die Medikamente wurden immer mehr. Auch meine Angst nahm zu, denn ich erkannte trotz der medikamentösen Behandlung, daß hier keine echte Hilfe zu erwarten war. Nicht einmal ein Arzt konnte mir helfen! Das Vertrauen in die Behandlung wurde täglich geringer.
Wo finde ich Hilfe? Das war die Frage, die ich mir Tag und Nacht stellte. Ja, auch in der Nacht, denn mit dem Schlaf war es vorbei. Die Zeit verging, nur meine Angst nicht! So kam es, daß ich wieder einmal ein Krankenhaus aufsuchte und mich den diversen Untersuchungen unterzog. Dabei wurde Diabetes II festgestellt! Zuckerkrankheit! Zusätzlich zu meinem furchtbaren Leiden war ich jetzt auch noch in meinen Essensgewohnheiten drastisch eingeschränkt! Es wurde immer schlimmer! Es gelang den behandelnden Ärzten nicht, meine Angst durch Medikamente und Therapiegespräche zu verbessern und einen für mich zu-

friedenstellenden Zustand zu erreichen. Vollkommen deprimiert und mit einer Insulinspritze in der Hand verließ ich nach drei Wochen das Krankenhaus! Es war genug! Ich mußte meinen Beruf aufgeben, denn ich konnte nicht mehr auf die Straße gehen, ohne von einem Angstanfall gepeinigt zu werden. Dazu kamen finanzielle Einbußen, ich verlor alle meine Freunde, war arbeitslos, ohne Geld und ohne Hoffnung. Die Depression kroch immer tiefer in meinen Körper, in meine Seele...

Nach einem Jahr der Ängste und Verzweiflung gab mir ein Bekannter ein Buch. Es war hier vom Unterbewußtsein die Rede und vom positiven Denken. Mir waren diese Dinge völlig neu und ganz fremd. In diesem Buch stand, daß man durch positive Gedanken und Suggestionen die Seele bzw. die Psyche beeinflussen könne. Meine „Krankheit" war also psychosomatisch! Von meinem Gemüt kamen diese Depressionen und Angstzustände! Es blieb nicht bei dem einen Buch, ich las noch andere, die sich auch mit dem „Unterbewußtsein" befaßten. Langsam wurde mir durch diese Bücher klar, warum die Ärzte in meinem Fall nicht helfen konnten. Ich mußte selbst aktiv werden und mithelfen. Nur Medikamente zu nehmen, ist eine passive Handlung. Ich mußte meine Seele, mein Unterbewußtsein, selbst positiv beeinflussen! Diese wichtige Erkenntnis brachte mir das Bücherlesen: Jedes Ende bedeutet zugleich einen neuen Anfang.
Am Ende war ich, nun kam ein neuer Beginn. Ich vertiefte mich in viele medizinische Bücher, die sich mit dem Nervensystem befaßten. Meine Diagnose hieß ja: vegetative

Dystonie – das kann man auch als Übererregbarkeit bezeichnen. Jetzt erkannte ich, daß sich alles in meiner Seele abspielt, die man nun einmal nicht röntgen kann! Ich war also organisch gesund (bis auf meinen Diabetes).

Angst kann man nicht auf einem Bildschirm sehen. Es können sich der Blutdruck und dadurch der Kreislauf verändern, doch die Angst selbst ist für den Bildschirm unsichtbar! Antidepressiva und auch stimmungsaufhellende Mittel allein können nicht den gewünschten Erfolg bringen, da der Körper auf diese Medikamente unterschiedlich reagiert. Viele Menschen vertragen die Behandlung mit Medikamenten schlecht, da gerade diese Mittel oft erhebliche Nebenwirkungen haben. Außerdem können Medikamente nur auf die unmittelbaren Auswirkungen der Ängste und Depressionen Einfluß nehmen, nicht aber auf die Ursachen.

Die Erkenntnis, selbst etwas tun zu müssen, um diesen lästigen, ja unerträglichen Zustand wieder loszuwerden, war der erste Schritt zum Erfolg. Nachdem ich konsequent mit Affirmationen gearbeitet hatte, die meine Selbstliebe und Selbstachtung steigern sollten, begann sich mein Leben langsam wieder dem Positiven zuzuwenden. Die Macht meiner Gedanken war schließlich stärker als Angst und Depression, die noch fest verankert in meiner Seele saßen. Jetzt entschloß ich mich, einen Schritt weiterzugehen und es mit autogenem Training zu versuchen. Wieder hieß es: üben und warten. Nach drei Monaten stellte sich ein kleiner Erfolg ein. Ich konnte meinen Körper beeinflussen! Positiv beeinflussen, indem ich lernte, mich selbst ruhigzustellen. Autogenes Training ist eine der vielen Möglichkeiten, das Unterbewußtsein zu beeinflussen. Es ist ein Schlüssel zu sich selbst; sozusagen zum eigenen Ich. Es ist ein erster Schritt, sich selber kennenzulernen. Noch immer nahm ich Medikamente, die mir mein Arzt verordnete. Gestärkt und vertrauend auf meine innere Kraft konnte ich jetzt aber beginnen, diese ganz langsam abzusetzen. Es kamen natürlich immer wieder Rückschläge, wobei ich mich entsetzlich elend fühlte! Jedes Mal, wenn ich die Dosis reduzierte, verstärkte sich zunächst die innere Unruhe. Aber auch das ging vorbei, und mein Selbstvertrauen wuchs.

Rückblickend kann ich sagen, es ging mir allmählich immer besser! Ich faßte neuen Mut, daß es auch in meinem Leben wieder schöne Stunden geben würde, ohne Angst und ohne Depression!

Doch bis dahin war es noch ein weiter Weg. Immer wieder praktizierte ich autogenes Training und versuchte, mich selbst positiv zu beeinflussen. Manchmal gelang es mir, aber nicht immer! Ich gab nicht auf! Ich hatte nur diesen einen Weg, denn die Ärzte hatten mich auf Agoraphobie und vegetative Dystonie eingestuft. Mittlerweile ging ich meinen eigenen Weg: den Weg zu mir selbst, zu meinem Inneren, zu meinem Unterbewußtsein, zu meiner Seele ...

Angst

Ein Leben ohne Angst gibt es nicht, sie gehört zum Menschsein. Angst ist das grundlegendste unserer Gefühle. Heilsame Angst schützt den Menschen, sensibilisiert, schärft die Wahrnehmung und mobilisiert Lebenskräfte. Krankmachend wird die Angst, wenn der Mensch von seiner Angst so überflutet wird, daß er kein normales Leben mehr führen kann. Diese Angst verkrampft den Körper und schnürt die Seele zu. Trotzdem möchte ich sagen: Obwohl Angst sehr unangenehm ist, ist sie eigentlich nicht gefährlich.

Weniger bekannt ist jedoch, daß Gefühle wie Benommenheit, Flimmern vor den Augen, Kribbeln in den Körperteilen, schmerzende, gelähmte Muskeln sowie Atemnot ebenfalls ein Ausdruck der Angst sind. Wenn die Betroffenen die Ursache dafür nicht kennen, so geraten sie leicht in Panik und befürchten eine schwere Krankheit.

Die klassischen Reaktionen auf eine kurz auftauchende Angst sind Kampf und Flucht. Als unsere Vorfahren noch in der freien Natur lebten, war es lebensnotwendig, bei Gefahr eine automatische Reaktion zu verspüren: angreifen oder weglaufen, je nachdem, wie die bedrohliche Situation eingeschätzt wurde. Angst ist daher auch ein wichtiger körpereigener Schutzfaktor. Angst schützt uns vor Gefahren und kann Kräfte freisetzen.

Angst ist ein Gefühl, das aus einer Kombination von drei Bestandteilen besteht: die körperliche Komponente, die Gedankenkomponente und die Verhaltenskomponente.

Die körperliche Komponente

Sie zeigt sich im veränderten autonomen Nervensystem. Bei Angst steigt die Erregung des autonomen Nervensystems an. Viele körperliche Vorgänge werden vom autonomen Nervensystem kontrolliert, die vom Willen kaum beeinflußt werden. Dazu gehören die Funktionen von inneren Organen, wie z. B. Herz-Kreislauf-System, Atmung und das Magen-Darm-System. Wenn der Mensch Angst erlebt, so verstärken sich diese Körperprozesse automatisch. Angst geschieht also nicht nur im Kopf, sondern sie beinhaltet deutliche körperliche Veränderungen! Es handelt sich aber nur um eine Verstärkung normaler körperlicher Prozesse, die nicht gefährlich sind.
Es ist also wichtig zu wissen, daß es normal ist, daß Angst Körperreaktionen hervorruft.
Wenn irgendeine „Gefahr“ besteht, sendet das Gehirn Botschaften zum vegetativen Nervensystem. Einer der Haupteffekte liegt darin, daß es zur Freistellung von zwei chemischen Substanzen – Adrenalin und Noradrenalin – führt. Diese chemischen Substanzen werden vom sympathischen Nervensystem als Informationsträger benutzt, um die Erregung zwischen den Nervenzellen und den Körperorganen weiterzuleiten. Die Aktivität des sympathischen Nervensystems kann auf zweierlei Arten gestoppt werden. Zum einen werden die chemischen Informationsträger Adrenalin und Noradrenalin teilweise von anderen chemischen Stoffen im Körper abgebaut. Zum anderen wird das parasympathische System, das im allgemeinen entgegengesetzte Effekte wie das sympathische Ner-

vensystem hat, aktiviert und stellt wieder einen entspannten Zustand her. Es kann also dieser panikartige Zustand nicht immer andauern.
Angst kann weder für immer andauern noch sich zu einem endlos andauernden schädigenden Niveau aufschaukeln. Das parasympathische Nervensystem ist ein Schutz, der das sympathische Nervensystem nach einiger Zeit stoppt. Ein weiterer wichtiger Punkt ist, daß die Informationsträger Adrenalin und Noradrenalin eine gewisse Zeit benötigen, um abgebaut zu werden. Somit kann es vorkommen, daß auch nach dem Abklingen eine gewisse Spannung im menschlichen Körper herrscht. *Es ist ein natürlicher Vorgang und ganz ungefährlich!*

Herz-Kreislauf-System

Dieses wird vom sympathischen Nervensystem aktiviert, und das führt automatisch zu einer Erhöhung der Herzfrequenz! Dies ist als Vorbereitung für eine körperliche Aktivität lebensnotwendig! Der Blutkreislauf wird beschleunigt, es wird mehr Sauerstoff ins Gewebe transportiert, und der Abtransport der Stoffwechselproduktion wird unter anderem dadurch beschleunigt.
Denken wir wieder an unsere Vorfahren. Damals war die Kampf- bzw. Flucht-Reaktion sehr oft gegeben! Unser Körper hat sich seit dieser Zeit nicht verändert.
Blut wird vermehrt in die Körperregionen transportiert, wo ein erhöhter Bedarf besteht. Es herrscht eine geringere Durchblutung in Fingern und Zehen, da dies nützlich ist, wenn der Körper angegriffen wird. Es ist dann sehr unwahrscheinlich, daß man verblutet! Zusätzlich wird das

Blut zu den großen Muskelpartien gelenkt, was dem Körper wiederum hilft, sich auf Kampfhandlungen vorzubereiten, die Muskelarbeit erfordern. Daher stehen Sie also bei Angstzuständen unbewußt auf und laufen wie ein „Kampfsuchender" herum!

Atmung

Bei Angst wird die Atmung schneller bis zur Atemnot. Das Gewebe braucht ja mehr Sauerstoff, um den Körper auf eine eventuelle Alarmbereitschaft vorzubereiten. Die Gefühle, die dadurch entstehen, sind Atemlosigkeit, Erstickungsanfälle, Schmerzen und Beklemmungsgefühle in der Brust. Es ist eine wichtige Nebenwirkung der verstärkten Atmung, daß die Versorgung des Gehirns kurzzeitig etwas heruntergesetzt wird, besonders dann, wenn keine körperliche Aktivität eintritt. Dies bewirkt eine Reihe von Symptomen, wie z. B. Benommenheit, verschwommenes Sehen, Zustände der Verwirrung und Unwirklichkeitsgefühl. Auch bei Schweißausbrüchen herrscht wieder eine Kampf-/Flucht-Reaktion. Schwitzen macht die Haut glitschiger, hat also eine wichtige biologische Funktion, da der vermeintliche „Gegner" auf der Haut abrutscht.
Alle Symptome, auch verminderter Speichelfluß, Übelkeit, Zittern, totale Muskelanspannung, sind Angstsymptome, die nicht gefährlich sind.

Die Gedankenkomponente

Unser Denken beeinflußt unsere Stimmung und daher unsere Gefühle. Sie wissen ja: Gedanken wollen sich verwirklichen. So entstehen auch bald die Gefühle zu den Gedanken.

Die Verhaltenskomponente

Angst kann das Verhalten einer Person auf mehrfache Weise beeinträchtigen. Es läßt vor allem die Konzentration nach, dadurch wird es schwierig, z. B. zu lesen, zu arbeiten, sich auf eine Sache zu konzentrieren. Die berühmten „Hilfsmittel“ werden ständig mit sich getragen: Telefonnummer des Hausarztes, beruhigende Medikamente für den Notfall etc. Außerdem kommt es zur Vermeidung der angstauslösenden Situationen: Kaufhaus, Straßenbahn, freier Platz, Aufzüge, Theater, Kino, Menschenansammlungen etc.
Versuchen Sie einfach alle Orte aufzusuchen, wo die Angst bei Ihnen ausgelöst wurde! Geben Sie nicht nach! Gehen Sie 5 x am Tag dorthin! Schaffen Sie sich wieder ein positives Bild für Ihr Unterbewußtsein!

Einige Hinweise zur Angstüberwindung:

- Angstgefühle sind normale verstärkte Streßreaktionen.
- Angstreaktionen sind nicht schädlich für die Gesundheit.
- Verstärke deine Angst nicht durch negative Vorstellungen.
- Bleib ganz ruhig, trotz der Panikgefühle.
- Warte, bis die Situation vorübergeht.
- Sei stolz auf deine bisherigen Erfolge, wenn es auch nur kleine sind.

Angst ist ein Gefühl. Es ist bloß ein Vorgang, der wie ein Film in unserem Körper abläuft. Warten Sie, bis der Film zu Ende ist. Es kann Ihnen nichts geschehen! Sie sitzen in Ihrem eigenen Kino! Sie sehen den Film „Angst“! Sie haben Angst. Aber es ist nur ein natürlicher Vorgang! Denken Sie daran! Auch im Kino, beim Fernsehen oder beim Lesen lachen Sie oder weinen Sie, obwohl es nur ein Film ist oder eine erfundene Situation. Ihre Kampf-/Flucht-Reaktion ist aber immer bereit, auf vermeintliche Feinde zu reagieren!

Ich bin mit der Angst per du

Das Zimmer ist dunkel. Das Wetter trüb und regnerisch. Der Wind bläst ums Haus, und ich sitze stumm in meinem Sessel. Zusammengekauert und mit einem tiefen Unbehagen. Ein Teufelskreis! Das alles beherrschende Gefühl ist: Angst! Die Angst sitzt um mich herum und lacht. Sie hat es wieder geschafft! Sie lähmt mich, sie besitzt mich, sie lacht mich aus! Gewonnen, scheint sie zu sagen. Schon wieder gewonnen!

Angst lähmt mein ganzes Handeln, mein Tun, mein Denken, mein Leben! Es scheint so, als würde die Angst mir gegenübersitzen und mich mit einem stark hypnotischen Blick in Schach halten! Steh auf und geh doch, wenn du dich traust! scheint sie zu sagen. Aber sie sagt nichts. Sie ist nur da, stumm und unheimlich! Ich habe sie schon fotografieren lassen! Aber man sieht sie auf keinem Bild, auf keinem Röntgenschirm, auf keinem Ultraschallgerät! Teuflisch! Sie weiß das!

Sie lacht nur und freut sich.

Angst – der lautlose Schrei! Jemand hat mir gesagt, ich soll mich mit der Angst anfreunden! Welch absurde Idee! Aber – ich habe es getan! Wir sprechen jetzt miteinander. Es behagt ihr aber gar nicht! Die Angst fühlt sich nicht mehr so wohl in meiner Haut. Vertraulichkeiten mag sie nicht! Es ist ihr viel lieber, daß sich die Menschen vor ihr fürchten. Da kann sie zeigen, was sie kann! Ich habe ihr das Du-Wort angetragen. Sie wollte aber nicht. Ich bin aber trotzdem mit ihr per du!

Ich sage zum Beispiel: „Wie geht es dir, Angst, wenn ich mich nicht mehr vor dir fürchte?"
„Schlecht, sehr schlecht!" antwortet sie.
„Aber mir geht es jetzt wieder besser. Denn ich habe erkannt, daß du nur ein Gefühl bist!"
„Das ist gemein!" meint sie. „Ein Gefühl, daß ich nicht lache! Ich bin die Angst! Du kennst mich! Ich kann alles bei dir in Unordnung bringen! Haha!"
„Das ist mir egal, ich weiß jetzt, daß du zwar über das vegetative Nervensystem Zugang zu mir hast, aber meine positiven Gedanken und Suggestionen werden dir bald den Eintritt verwehren."
„Ich werde neue Attacken erfinden, um deinen Kreislauf zu stören, Herzklopfen, Schweißausbrüche, Atemnot, Zittern, Schwindelgefühl und vieles andere mehr werde ich dir vermitteln."
„Das glaub ich nicht mehr! Das greift bei mir nicht mehr!"
Jetzt stockt die Angst und wird bleich: „Das glaubst du nicht mehr?"
„Nein!" sage ich bestimmt.
Die Angst wird immer kleiner und kleiner und flüstert: „Dann bin ich verloren!"
Plötzlich fällt ein Sonnenstrahl ins Zimmer, und ich lächle. Na also: Das Angstgefühl ist merklich schwächer geworden.

Angst vor der Angst

Wenn man einmal mit der großen lebensbedrohlich erscheinenden Angst konfrontiert wurde, bleibt ein starker Eindruck. Dieses negative Bild ist in unserem Unterbewußtsein verankert. Bild und Gefühl gehören zusammen. Wenn ich also ein gleiches oder ähnliches Bild erlebe, so findet auch das Gefühl sofort zum Bild! Man könnte auch von „Gefühlsbildern“ sprechen!
Wer also auf der Straße oder in einem Kaufhaus von einer Panik befallen wurde, wird in Zukunft immer wieder Angst haben, dort erneut einen Panikanfall zu erleben. Das sonst so natürliche und neutrale Verhalten ist dadurch wesentlich gestört. Aus dem positiven Erlebnis (Bild) wurde ein negatives! Immer wenn Sie nun auf die Straße oder in ein Kaufhaus gehen, überfällt Sie das Gefühl der Angst. Jetzt ist es aber erklärbar! Das Unterbewußtsein hat ein negatives Bildgefühl angefertigt und bringt nun laufend diese negativen Gefühlsbilder (Bildgefühle) in das vegetative Nervensystem, also in unseren Körper, in unser Bewußtsein!
Der Teufelskreis hat sich geschlossen! Angst vor der Angst! Bevor die richtige Angst (Panik) überhaupt eintritt, hat man schon Angst. Was kann man dagegen tun? Sehr vieles! Man kann z. B. die Situation so lange üben, bis wieder ein positives Bild entsteht!

Es kann Ihnen nichts geschehen! Das meine ich ganz ernst! Üben Sie alle Situationen, wo Sie diese Angst erlebt haben!

Egal wo! Egal ob zu Hause, auf der Straße, in einem öffentlichen Verkehrsmittel oder im Kaufhaus. Üben Sie diese Situationen immer wieder, und zwar mehrmals täglich. Mit einem einzigen Versuch kann kein positives Bild für das Unterbewußtsein entstehen, weil das „alte" negative Bild noch vorherrschend ist! Üben Sie aber konstant, damit Sie allmählich Erfolg haben. Es gibt sicher Tage, wo Ihnen diese Übungen besser gelingen, und andere, wo nichts läuft. Der Mensch ist nicht jeden Tag in der gleichen Verfassung. Nehmen Sie es gelassen, wenn eine Übung nicht so ausfällt, wie Sie es erwarten. Gehen Sie deshalb fünfmal einkaufen, auch wenn Sie nur zum Geschäft gehen und wieder zurück – auch wenn Sie nur fünf Schritte machen und dann wieder umkehren müssen, weil die Angst und die Symptome im Körper zu stark sind wie Schwindel, Unwirklichkeitsgefühl, Hitze, Kälte, Zittern, Übelkeit etc. Kehren Sie um, und versuchen Sie es kurze Zeit später noch einmal und noch einmal und noch einmal! Es gelingt sicher! Haben Sie wieder Selbstvertrauen!
Es kann Ihnen nichts geschehen! Auch wenn Sie glauben, daß Sie umfallen oder zusammenbrechen! Es geschieht Ihnen nichts! Das vegetative Nervensystem kann körperliche Symptome so perfekt inszenieren, daß man natürlich Angst bekommt. Trotzdem ist kein Grund zur Besorgnis gegeben.
Die Angst vor der Angst ist sicher am besten abzubauen, wenn Sie sich selbst immer wieder beweisen, daß nichts passieren kann. Probieren Sie es aus!
Furcht klopft an – Vertrauen macht auf – niemand war da!

Depressionen

Es wird viel über Depressionen geschrieben. Ärzte haben sogar viele spezielle Bezeichnungen dafür: exogene, endogene, lavierte Depression. Doch niemand kann es sich in seiner größten Phantasie vorstellen, erahnen, wie es wirklich ist, wenn man unter Depressionen leidet, egal wie sie heißen. Ich persönlich kenne die Hölle, die Todesstrecke der Depression …

Der Raum ist dunkel. Es gibt kein Gefühl, alles ist leblos, willenlos, stumpf … Die Depression kennt keine Farbe, es ist alles grau in grau. Sitzt man im schwarzen Loch der Depression, so scheint es, daß es gar kein Entrinnen gibt. Man fühlt sich schon wie dreimal gestorben – aus – Ende.

Irgendwann, ohne einen wirklichen Zeitbegriff zu erfassen, erscheint ein kleines Licht am Ende des Tunnels, aber es hält nicht lange an. Wieder ist es grau, finster und eine unendliche Leere ist im ganzen Körper, in der Seele. Es scheint, als ob der Geist, der Lebenswille, die Lebensfreude für immer erloschen sind.

Das Telefon läutet. Man nimmt es nur ganz entfernt wahr …, alles ist egal.

Es vergehen Stunden, Tage, Wochen und Monate, doch es ändert sich nichts. Mein einziger Wunsch war: schlafen, schlafen und nie mehr aufwachen. Die Todessehnsucht hatte von mir Besitz ergriffen. Sie hielt mich ganz fest und ließ mich nicht aus ihren schwarzen, leblosen Krallen …

Viele leiden unter ihren Ängsten, werden dadurch sehr schwach und traurig, und die Folgeerscheinung ist der de-

pressive Zustand. Im Vordergrund steht die Angst, im Hintergrund steht die Depression.
Bei Menschen, die mehr zur Depression neigen, ist die Todessehnsucht, oft der Selbstmord im Vordergrund. Für Menschen, die unter Ängsten leiden, ist die größte Angst: zu sterben! Bei Betroffenen, die unter Depressionen leiden, ist die größte Angst: *nicht* zu sterben! Das ist ein gewaltiger Unterschied.
Kehren wir wieder zur klassischen Depression zurück. Ein Mensch, der unter diesem ‚psychosomatischen' Zustand leidet, ist der sogenannten Wirklichkeit entrückt. Er oder Sie haben scheinbar keine Verbindung zum Leben zum Lebenswillen. Alle Energien scheinen aus diesem Körper entwichen zu sein. Eine unendliche Trostlosigkeit und Hoffnungslosigkeit macht sich breit. Das „Nichts-mehr-wissen-wollen-von-dieser-Welt" steht an der Tagesordnung.
„Ich will nicht mehr, ich kann nicht mehr, alles ist plötzlich sinnlos geworden …" Diese Worte hört man immer wieder von den Menschen, die an Depressionen leiden.

Beginnen wir einmal ganz von vorne. In der Kindheit erlebt man viele Dinge, die das Leben sehr beeinflussen. Es werden Aggressionen gegen verschiedene Personen oder Situationen aufgebaut. Kann man diese inneren Spannungen nicht abbauen, ausleben, entschärfen, so kann sich die *Aggression* in Ohnmachtsgefühle und schließlich in eine *Depression* verwandeln. Auch ich habe viel über mich ergehen lassen. Mit der sogenannten Erziehung war ich nicht immer einverstanden. Ich war sehr sensibel, sehr ängstlich

in meiner Kindheit und konnte mich daher nicht wehren. Später entstanden dann meine Ängste und Depressionen, die aus der frühesten Kindheit stammen.
Ein depressiver Mensch kann nicht wirklich zuhören. Es ist daher nur sein Unterbewußtsein voll eingeschaltet! Unser Unterbewußtsein nimmt alles auf; Tag und Nacht. Wir müssen daher als Betroffene mit unserem Unterbewußtsein Kontakt aufnehmen!
Im Umgang mit Depressiven ist vor allem der fast tödliche Satz zu vermeiden: reiß dich zusammen, laß dich nicht fallen, es wird schon weitergehen! Damit treibt man den Depressiven ja noch mehr in seinen Zustand hinein! Er kann sich nicht zusammenreißen! Wie soll er/sie denn das machen?
Es ist daher wichtig, daß man den Betroffenen viel Liebe und Verständnis entgegenbringt, auch wenn man seinen Zustand *nicht* versteht. Ist ja ganz klar, wie soll man es denn verstehen, wenn man es nicht selbst am eigenen Körper gespürt und durchgemacht hat …
Liebe kann hier wahre Wunder wirken. Sagen Sie einfach: „Ich liebe dich! Ich liebe dich von ganzem Herzen!“ Diesen Satz wird auch das Unterbewußtsein des Betroffenen voll aufnehmen! Liebe ist eine wunderbare positive Energie, die immer noch Erfolg gebracht hat. Bedauern Sie auch nicht, daß dieser Mensch jetzt unter Depressionen leidet. Verhalten Sie sich ganz neutral und vor allem: Zwingen Sie niemanden zu etwas, was er momentan nicht will! Lächeln Sie und lassen Sie diesen Menschen einfach so, wie er ist. Das ist sein Leben, seine Welt, in der er zuhause ist.

Licht, Sonne, Wasser, frische Luft und eine aufrichtige Zuneigung, das sind die Medikamente, die wirklich ansprechen! Versuchen Sie aber nicht, pralles Sonnenlicht auf den Depressiven einwirken zu lassen, das wäre eine Überdosis. Lüften Sie einfach den Raum und stellen Sie ein Glas Wasser (Leitungswasser) auf den Tisch.
„Wenn du willst, trink einen Schluck!" Aber keine Überredungskünste. Ich habe oft selbst mitgetrunken, wenn ein anderer einfach Wasser getrunken hat. Wenn man etwas gemeinsam tut, fühlt man sich nicht so allein …
Wasser versorgt unseren Körper mit neuen Kräften und Energien. Wasser benötigt oft nur ein paar Sekunden, um den Körper wieder zu beleben! Depressive sollen daher viel Wasser trinken, um selbst wieder ins aktive Leben zurückzufinden. Ich finde, es ist eine einfache Selbsthilfe!
Auch kinesiologische Übungen wie zum Beispiel den *Cross Crawl*, den Sie am Ende dieses Buches finden, sollten Sie gemeinsam mit dem Betroffenen machen! Diese Übung bewirkt die energetische Zusammenschaltung der beiden Gehirn- und Körperhälften! Die Überenergie, die in der rechten Gehirnhälfte ist, wird langsam abgebaut und es kommt zu einer angenehmen Balancierung. In der rechten Gehirnhälfte sind unsere Gefühle, unsere Empfindungen. In der linken Gehirnhälfte ist unser Verstand, unser logisches Denken. Es soll immer eine Balance zwischen den beiden Gehirnhälften bestehen.

Alles, was kränkt, macht krank

Unsere Seele ist wie ein Speicher, der Gefühle aufnimmt und zu verschiedenen Zeiten wiedergibt. Die Seele erhält viele Verletzungen im Lauf eines Lebens. Dinge, die uns kränken, ärgern, belasten und uns in depressive Stimmungen bringen, ‚kränken' natürlich auch die Seele. Unser Gefühlsspeicher Unterbewußtsein nimmt alles auf und bringt es dann in Form von Gefühlen und Stimmungen zum Ausdruck. Versuchen Sie, einen Schutzschild um sich herum aufzubauen. Lassen Sie Ihre sensible Seele nicht mehr kränken! Wenn jemand Sie ungerecht behandelt, so sagen Sie es, zwar höflich, aber mit aller Deutlichkeit. Es wird niemand böse sein, auch wenn Sie es glauben. Im Gegenteil, man wird Sie wegen Ihrer Ehrlichkeit und Aufrichtigkeit bewundern.

Wenn etwas auf Sie zukommt, das negativ ist, so geben Sie es sofort zurück! Nehmen Sie es erst gar nicht auf! Dann brauchen Sie und Ihr Unterbewußtsein es nicht zu verarbeiten! Sie ersparen sich dadurch viel Kummer, Ärger und auch Depressionen!

Alles was kränkt, macht krank! Geben Sie negative Dinge zurück wie eine falsch gelieferte Ware! Übernehmen Sie sie erst gar nicht! Nein, danke! Retour an den Absender! Sie brauchen das nicht! Es belastet nur unnötig Ihr Unterbewußtsein!

Erkennen Sie, daß alle Gefühle, die in Ihrem Körper wahrnehmbar sind, vom Unterbewußtsein kommen. Gefühle wie Angst, Unsicherheit, Niedergeschlagenheit, Unruhe, Schwäche, Kälte- und Hitzegefühl, Benommenheit, An-

triebsschwäche, Lustlosigkeit bis hin zur Depression, werden vom Unterbewußtsein über das vegetative Nervensystem in Ihren Körper gespielt, und über den Körper ist es zu spüren. Es sind negative Gefühle, ganz scheußliche, niederschmetternde Gefühle! Aber eben nur Gefühle! Natürlich spielt das vegetative Nervensystem es so perfekt in den Körper, daß Sie fest überzeugt sind, unter einer schweren Krankheit zu leiden! Dem ist aber Gott sei Dank nicht so! Der richtige Weg ist zu erkennen, daß im Laufe der Jahre viele Suggestionen unser Unterbewußtsein beeinflußten und daher viele negative Gefühle in unser perfektes, jedoch sehr sensibles Nervensystem gelangten.
Niemand hat Mitleid mit Ihrer Situation! Sie brauchen auch kein Mitleid und vor allem kein Selbstmitleid! Atmen Sie einmal ganz frei durch. Atmen Sie sich die depressive Verstimmung einfach aus dem Körper: Ich atme Aktivität und Lebensfreude ein – und Depressionen aus! Ein – aus. Ein – aus.

Drängende Fragen

Warum habe ich das?

Weil in meiner Kindheit und auch im späteren Leben viele negative Informationen (Erlebnisse) in mein Unterbewußtsein gesetzt wurden. Weil mein Wesen sehr sensibel ist und ich daher besonders unter Glücksschwankungen leide. Weil mein Sternzeichen besonders für Einflüsse dieser Art empfänglich ist …

Wie kann ich mir selber helfen?

Indem ich erkenne, daß meine Angstzustände und Depressionen nicht lebensgefährlich sind; indem ich versuche, mich abzulenken: zum Beispiel autogenes Training, Entspannungsübungen, Licht- und Energieübungen, kleine Spaziergänge, Gymnastik oder einfach die negative Stimmung durch rhythmischen Tanz oder Bewegung „abschütteln"! Auf keinen Fall sollten Sie nur herumsitzen, grübeln oder fernsehen. Das ist *Gift für Ihren Zustand!* Werden Sie aktiv, tun Sie etwas, z. B. jemanden anrufen, mit jemandem sprechen! Reden Sie aber nicht zuviel über Ihre Probleme. Versuchen Sie das Gespräch auf positive Dinge zu lenken! Je mehr Sie von Ihrer Krankheit sprechen, um so stärker empfinden Sie Ihren Zustand! Sie steigern sich dabei selbst hinein! Ruhig und gelassen sein – ganz ruhig.

Warum sehe ich keine Erfolge?

Unser vegetatives Nervensystem arbeitet ganz selbständig! Es läßt sich kaum willentlich beeinflussen. Der menschliche Wille hat keinen Einfluß daran. Allein der positive Gedanke, der immer wieder gedacht wird, bewirkt eine Veränderung im Körper und daher auch im vegetativen Nervensystem. Vergessen Sie Ihren Verstand und Ihren Willen für eine Weile! Hier können Sie nur mit Umdenken, Umlenken, Ablenkung etwas erreichen! Der Erfolg kommt in diesem Fall unbewußt! Denken Sie an den Vorschlag, ein Gespräch zu führen. Das Gespräch schafft es nach einiger Zeit, und zwar unbewußt, eine positive Veränderung im Nervensystem zu erreichen! Natürlich muß das Gespräch in einem positiven Rahmen geführt werden! Unbewußt wird bewußt – bewußt wird unbewußt! Polarität auch hier!

In unserem Fall kommt also der Erfolg unbewußt! Erst später, wenn der Erfolg schon da ist, wird das bewußt. Zwingen Sie nichts mit Gewalt herbei. Es muß von ganz allein kommen.

Warum fühle ich mich so elend?

Unser vegetatives Nervensystem steuert bekanntlich alle bewußten körperlichen Funktionen: *Herzschlag, Puls, Blutdruck, Kreislauf, Magen, Darm, Niere, Leber, Galle, Lunge, Atem* usw. Wenn alle Steuerungen funktionieren, so empfinden wir ein allgemeines Wohlbefinden! Das motorische und vegetative Nervensystem müssen beide Hand in Hand arbeiten, das heißt, es muß alles harmonisch verlaufen. Beide Systeme können sich gegenseitig beeinflussen – im Positiven wie im Negativen. Die Aktivität des einen wirkt also auch auf das andere! Durch Verspannungen

und Verkrampfungen kann das System empfindlich gestört werden. Dann kommt es zu Müdigkeit, Interesselosigkeit und allgemeinem Unbehagen.
Selbstverständlich hat das vegetative Nervensystem einen positiven oder negativen Einfluß auf unser Gleichgewichtsorgan! Eine leichte Störung kann zu Schwindelgefühlen führen! Keine Angst, es kann Ihnen nichts geschehen! Es ist nur sehr unangenehm und störend! Versuchen Sie, trotzdem Ruhe zu bewahren.

Werde ich bald wahnsinnig?

Eine sehr naheliegende Frage, da man sich total aus der Bahn geworfen fühlt. Natürlich spielt das Nervensystem viele Signale in unseren Körper, die uns verunsichern. Man kann sagen: Es simuliert; es spielt uns etwas vor, daher auch im Kopf ein eigenartiges Benommensein. Um die Frage zu beantworten: Nein, Sie werden nicht wahnsinnig! Es scheint nur manchmal so. Aber der Schein trügt. Also machen Sie sich keine unnötigen Gedanken, es wären sowieso schon wieder negative! Die Angstspirale dreht sich oft sehr hoch, aber sie fällt auch wieder. Bewahren Sie auch hier wieder Ruhe, soweit es eben möglich ist.

Warum ist es an manchen Tagen besser und an manchen Tagen schlechter?

Der Mensch unterliegt vielen Einflüssen. Sonne, Mond, Wetter, negative und positive Erlebnisse, die Sie im Laufe eines Tages haben, beeinflussen das Wesen und die Gefühlswelt des Menschen.
Niemand kann sich jeden Tag gleich gut fühlen. Jeder ist

Schwankungen ausgesetzt. Es spielt natürlich auch der Biorhythmus unseres Körpers eine Rolle. Sehr viele Dinge wirken auf uns ein; dies geschieht wieder einmal ganz unbewußt.
Außerdem ist es verständlich, daß Sie sich schlechter fühlen, wenn Sie etwas vorhaben, das Sie beunruhigt. Ihr Nervensystem weiß ja durch Ihre Gedanken, daß Sie morgen besonders gut in Form sein sollen. Gerade dann fühlen Sie sich aber ganz schlecht: weil Ihr vegetatives Nervensystem Ihre negativen Gedanken, Ihre Angst in Form von Signalen und Informationen an das motorische Nervensystem weiterleitet! Alles klar? Nein? Die Angst zu versagen löst unwillkürlich Verkrampfungen und Verspannungen aus. Dies spürt man dann im Körper. Unruhe, Müdigkeit, das Gefühl, es nicht zu schaffen, machen sich dann automatisch bemerkbar! Wenn Sie aber ruhig und gelassen dem nächsten Tag entgegensehen, so wird das vegetative Nervensystem vom Gehirn keine negativen Informationen bekommen. Sie werden den morgigen Tag gut überstehen und werden sich wohl dabei fühlen. Sie können das bisher Gelernte anwenden und sich gerade beängstigende Situationen mit einem besonders positiven Ablauf ausmalen.
Wichtig ist auch hier Gelassenheit! Fühlen Sie sich gut, dann freuen Sie sich, daß Sie einen guten und schönen Tag erleben. Fühlen Sie sich schlecht, dann freuen Sie sich ebenfalls, denn es kann nur wieder besser werden.

Wer kann mir helfen?

Eigentlich niemand, außer Sie sich selbst!
Erkennen Sie, daß es sich vor allem um Gefühle handelt;

daß Ihr Gefühlsspeicher zuviel negative Informationen ans vegetative Nervensystem weitergibt und Sie sich daher schlecht fühlen! Es ist Gott sei Dank keine organische Krankheit!
Es wird alles wieder gut! Glauben Sie an sich selbst! Nur Sie können sich helfen: durch Ihren Glauben an sich selbst!

Wann ist es endlich vorbei?

... sobald Sie erkennen, daß es nicht mehr wichtig ist! Diese Antwort ist vielleicht nicht sehr befriedigend, doch die nackte Wahrheit! Angst und Depression sind negative Gefühle und Gedanken, die uns scheinbar Tag und Nacht beherrschen. Es ist ein Teufelskreis! Wir gehen mit unseren Leiden hausieren! Wir erzählen es jedem, der uns über den Weg läuft; natürlich auch unserem Hausarzt, unserem Psychiater, unserem Neurologen, unserem Psychotherapeuten, unseren Nachbarn.
Oder wir erzählen es niemandem, nicht einmal unserem Partner, Lebensgefährten oder unseren Eltern, weil wir uns einfach schämen! Beides ist falsch. Wir müssen nur erkennen, daß es um Dinge geht, die in der Vergangenheit eine Rolle gespielt haben und jetzt als Gefühle auftauchen, die uns sehr zu schaffen machen. Diese Gefühle verspüren wir natürlich dementsprechend stark.
Versuchen Sie, so gelassen wie möglich zu bleiben. Das vegetative Nervensystem erhält jetzt ein Signal, eine Information aus dem Gefühlsspeicher (Unterbewußtsein) und spielt nun verstärkt durch elektromagnetische Impulse in die (unbewußte) Funktion des Körpers ebenfalls Informa-

tionen. Diese Informationen oder Impulse spüren Sie als: Herzrasen, schnellen Puls, Übelkeit, Schwächegefühl, Schwindelgefühl, totale Unsicherheit, Lebensangst oder auch als schwere depressive Stimmung, totale Freudlosigkeit, Apathie usw. Man spricht von psychosomatischen Beschwerden – weil es von der Psyche (Seele) kommt und sich im Körper (Soma) bemerkbar macht!
Wann ist es vorbei? Bis ich mir nichts mehr daraus mache! Bis es mir egal ist, ob es mir heute schlechter oder besser geht; bis ich es einfach ignoriere und den negativen Gefühlserscheinungen gelassener gegenüberstehe; bis ich es voll akzeptiere und sage: O. k., das habe ich, es wird bald vorbeigehen, und ich mache mir keine Gedanken mehr darüber! Ich weiß, was jetzt für eine Antwort von Ihnen kommt! Trotzdem, nehmen Sie es nicht mehr so wichtig!

Warum kann ich mir keine positiven Gedanken vorstellen?

Weil ich zu sehr an das Negative glaube! Lassen Sie das Negative einfach stehen! Lassen Sie es so, wie es ist! Bauen Sie ein ganz neues positives Programm aus! Das hat nichts mehr mit den anderen zu tun! Sie sollen auch nicht die Welt verändern. Viel entscheidender ist, daß Sie Ihre Gedanken ändern! Man kann positiv denken und (fast) alles im Leben erreichen!
Beim Negativen haben Sie schon gewisse persönliche Erfahrungen gemacht! Da wissen Sie schon (oder Sie glauben es!), daß das Unheil voranschreitet! Sie haben es durch Ihren Glauben wahrgemacht! Sie haben ja so fest daran geglaubt!

Machen Sie es doch einmal umgekehrt und glauben Sie fest und ohne Zweifel an das Gute, an das Schöne, an das Positive! Ein noch so kleiner Zweifel kann aber das ganze Bild zerstören! Und es ist nur ein Bild! Ein schönes Gedankenbild!

Warum habe ich gerade jetzt so starke Depressionen?

Weil Sie unbewußt etwas ausgraben, das Sie schon längst im Bewußtsein vergessen haben. Achtung! Es gibt bewußte und unbewußte Gedanken! Zu den bewußten Gedanken brauchen wir nicht viel Erklärung. Sie können an die Sonne denken, an eine schöne Reise, an Ihren Partner, an Ihre Arbeit usw. Das sind bewußte Gedanken.

Nun kommen wir aber zu den sogenannten unbewußten Gedanken. Dies sind Gedanken, die gar nicht ins Gehirn vordringen, die aber bereits eine Gefühlsreaktion ausgelöst haben. Das sind eben Gedanken aus dem Unterbewußtsein, die das Gefühl in den Körper schicken. Unvorstellbar, aber wahr! Dieses Gefühl macht sich daher breit, ganz breit als Depression. Der eigentliche Gedanke oder das seinerzeitige Ereignis bleibt für uns zunächst verborgen. Es ist ein einmaliger, wunderbarer Prozeß, Gefühle in unsere Nervenbahnen zu lenken und so unser Bewußtsein wie auch unser Unterbewußtsein zu erreichen!

Die Funktion des Unterbewußtseins

Das Unterbewußtsein des Menschen ist ein unendlicher Informationsspeicher, der alle Erlebnisse, Gefühle und Emotionen unseres Lebens, vom ersten Tag der Geburt an und sogar noch in der pränatalen Phase (Vorgeburtsphase im Mutterleib), in sich aufnimmt.
In den östlichen Kulturen und auch in vielen westlichen modernen Therapierichtungen nimmt man den Sitz des Unterbewußtseins in der Bauchgegend, etwa im Bereich des Nabels an. Wenn Sie also mit Techniken arbeiten wollen, bei denen es Ihnen nützlich erscheint, sich eine bestimmte Stelle im Körper vorzustellen, können Sie ruhig von dieser Annahme ausgehen.
Es gibt für unser Unterbewußtsein keine Ruhepause. Es wird nie müde und ist 24 Stunden pro Tag aufnahmebereit – und das unser ganzes Leben lang. Die Aufnahme erfolgt durch unser Sehen, Hören, Fühlen, Empfinden, und nicht zuletzt durch unsere bildhafte Vorstellung, durch unsere Gedanken. Dies ist – wenn man das zum ersten Mal hört – so unglaublich und faszinierend, daß man sich eine Zeitlang damit befassen muß, um sich das auch vorstellen zu können. Unser Unterbewußtsein nimmt also auch Gedanken auf. Man kann vereinfacht sagen: Es nimmt alles auf. Auch Sie haben so einen Speicher; einen Speicher, der alles aufnimmt und auch bewahrt!
Viele Erlebnisse haben Sie schon vergessen: zum Beispiel solche aus Ihrer frühesten Kindheit, mit ein oder zwei Jahren, an die Sie sich gar nicht mehr erinnern können.

Gerade in dieser Zeit werden viele neue Eindrücke gesammelt.
Das Unterbewußtsein ist eine ganz faszinierende Einrichtung! Es kann alles aufnehmen und auch wiedergeben. Bleiben wir aber vorerst noch bei der Aufnahme. Das Unterbewußtsein nimmt alle persönlichen Erlebnisse und Erfahrungen auf. Wetter, Streß, finanzielle Belastungen, Partnerprobleme, berufliche Probleme, Altersprobleme etc. werden einfach aufgezeichnet, wie bei einem Computer. Jede Aufnahme ist ein Bild. Sie machen sich ein Bild! Ein bewußtes Bild, das später dann ein unbewußtes Bild wird. Sie machen sich also ein Bild, geben es unbewußt weiter an Ihren Unterbewußtseinsspeicher, und dieser Speicher bewahrt dann das Bild (Erfahrung) auf. Unser Unterbewußtsein kann nicht „denken", es hat nur die Aufgabe, alles Erfahrene aufzunehmen und zu speichern. Können Sie sich das vorstellen?
Nehmen wir ein konkretes Beispiel: Sie laufen als vierjähriges Kind über eine Brücke und stolpern. Es kommt zu einer Verletzung, die sehr schmerzhaft ist. Sie weinen und versuchen wieder aufzustehen. Jetzt kommt Hilfe – die Mutter hebt Sie auf. Es werden tröstende Worte gesprochen, und bald ist der Schmerz vergessen. Vergessen? Nichts ist vergessen! Alle Bilder werden vom Unterbewußtsein aufgezeichnet, wie bei einer laufenden Filmkamera wird alles aufgenommen! Wenn ich sage, alles, so ist es auch alles! Das Gefühl des Laufens, der Sturz auf der Brücke, die Gegend, der Ort, das Gefühl, verletzt zu sein, das Empfinden des Schmerzes, die Unbeholfenheit des Sich-nicht-bewegen-Könnens und zum Schluß die hilfrei-

che Hand der Mutter. Im Unterbewußtsein wurde ein negatives Bild angefertigt, nämlich der Sturz und Schmerz auf der Brücke, auch die Angst beim Sturz! Sie sehen also, wie das Unterbewußtsein alles registriert hat. Nichts ist ausgelassen, nichts vergessen worden. Das Bewußtsein vergißt viele Dinge, das Unterbewußtsein nichts. Unzählige Bilder sind in unserem Unterbewußtsein gespeichert. Diese Bilder können jederzeit aufgerufen werden!
Bevor wir uns aber diesem neuen Gebiet zuwenden, möchte ich vorher noch etwas erklären: Positive und negative Erfahrungen werden als Vorstellung, als Gedanken in das Unterbewußtsein aufgenommen. Mit dieser bildhaften Vorstellung oder Erfahrung wird ein Gefühl verbunden.
Ein Beispiel: Sie gehen als Kind zu einem Bach und halten zum ersten Mal Ihren Fuß ins kalte Wasser! Das Unterbewußtsein fertigt Bilder an: Bach, Wasser, kalt. Jetzt haben Sie diese Erfahrung! Aber nicht nur das, Sie haben auch das Gefühl dazu! Beim nächsten Mal, wenn Sie beim Bach vorbeigehen, brauchen Sie Ihren Fuß nicht mehr ins kalte Wasser zu stecken, das Gefühl wird sofort vom Unterbewußtsein wiedergegeben, weil ja schon ein Originalbild, also eine Erst-Erfahrung, vorhanden ist. Das Gefühl, das Wasser ist kalt, wird in Sekundenschnelle in Ihre gedankliche Vorstellung eingespielt! Daher besteht eine direkte Verbindung vom Unterbewußtsein zum Bewußtsein, und natürlich auch umgekehrt.
Wahrscheinlich verstehen Sie jetzt manche Dinge und Zusammenhänge, die Sie sich in Ihrem Leben nicht erklären konnten; zum Beispiel Angstzustände. Erinnern Sie sich noch an die Brücke, wo Sie gestürzt sind? Bewußt nicht

mehr, Ihr Unterbewußtsein aber weiß es! Vielleicht gehen Sie als Erwachsener einmal über eine Brücke und Sie bekommen Angstzustände ohne ersichtlichen Grund! Na, wissen Sie jetzt, was passiert ist? Ihr Unterbewußtsein hat Ihnen die damalige Angst bei Ihrem Sturz auf der Brücke ins Bewußtsein gespielt! Ja, so funktioniert das. Nicht das Bild wurde bewußt, sondern nur das Gefühl davon! Kompliziert?
Wiederholen wir das Ganze noch einmal, weil es so interessant ist! Von jedem Erlebnis, das Sie persönlich erfahren, wird ein Bild angefertigt. Dieses Bild geht vom Bewußtsein ins Unterbewußtsein. Von diesem wiederum wird auch ein „Gefühlsbild“ angefertigt. Erlebt der Mensch eine gleiche oder ähnliche Situation, so kann (muß aber nicht) das Unterbewußtsein das Gefühl von dem seinerzeit erlebten Bild im Körper widerspiegeln!
Ein weiteres Beispiel: Sie sind ein lebenslustiger Mensch und fahren gerne mit dem Rad. Sie haben schon viele Radtouren gemacht und fanden es immer schön. Eines Tages stürzen Sie mit dem geliebten Rad und ziehen sich eine böse Verletzung zu. Was ist passiert? Das Unterbewußtsein hat ein negatives Bild angefertigt, weil der Sturz und die darauffolgende Verletzung nicht angenehm waren. Aus dem seinerzeit positiven Bild wurde ein negatives. Sie meiden in Zukunft das Radfahren, und wenn Sie auf Ihren geliebten Drahtesel blicken, so fällt Ihnen (dem Unterbewußtsein) sofort der Unfall ein. Auch das Gefühl von damals wird Ihnen heute noch in die Glieder fahren! Das Gefühl ist noch immer da, obwohl der Unfall schon Monate zurückliegt. Zeit spielt hier keine Rolle. Das Gefühl

kann oft nach Jahren oder sogar Jahrzehnten wieder empfunden werden. Die tatsächliche Erinnerung an das seinerzeit erlebte Ereignis fehlt aber! Daher gibt es „unerklärliche“ Ängste nicht mehr!
Wir sprachen bis jetzt noch nicht über körperliche Symptome. Gerade die sind es aber, die das Leben beeinträchtigen. Um die Symptome beser zu verstehen und auch die Beseitigung dieser unangenehmen körperlichen Erscheinungen zu bewältigen, müssen wir uns vorher mit dem vegetativen Nervensystem befassen.

Das motorische und das vegetative Nervensystem

Das motorische Nervensystem ist für unseren Bewegungsapparat verantwortlich; das vegetative hingegen für unsere unbewußt funktionierenden Organe und daher auch für unser Gefühlsleben und für unser Wohlbefinden.
Die Aufgabe des vegetativen (autonomen) Nervensystems ist, unseren Kreislauf, Blutdruck, Puls, Atem, Magen, Darm und alle Organe im Körper zu steuern und zu lenken.
Unser vegetatives Nervensystem wäre auch in schönster Ordnung, wenn nicht unser Unterbewußtsein mit dem motorischen und vegetativen Nervensystem sozusagen Hand in Hand arbeiten würde!
Wenn nun ein Signal vom Unterbewußtsein in das vegetative Nervensystem kommt, so wird alles in Unordnung gebracht! Es kommt zu körperlichen Symptomen, die vom vegetativen Nervensystem verursacht werden. Das vegetative Nervensystem erhält vom Unterbewußtsein eine In-

formation, sprich ein Gefühls-Signal, und leitet es durch die vielen Nervenbahnen weiter zu den verschiedenen Körperteilen und Organen.

Dadurch entstehen folgende Symptome:
Schwindelgefühl, Unsicherheit, Magenkrämpfe, Durchfall, Herzklopfen, Schwächeanfälle, Unwirklichkeitsgefühl, Schlafstörungen, Zittern, Schweißausbrüche, Druck in der Brust, Atembeschwerden.
Alle diese Erscheinungen können vom vegetativen Nervensystem ausgelöst werden. Es sind demnach psychosomatische Beschwerden, die uns das Leben zur Hölle machen können. Das vegetative Nervensystem kann uns viele Symptome und Krankheiten vorspielen, in dem es die Organe negativ beeinflußt. Man fühlt sich krank und ist es eigentlich gar nicht. Organisch ist nichts Degeneratives festzustellen. Man ist daher enttäuscht und verwirrt und glaubt an eine falsche, unrichtige Diagnose. Allerdings kann ein Organ durch die ständige negative Beeinflussung des vegetativen Nervensystems, wenn dies über Jahre geht, wirklich erkranken.
Jeder Gedanke, ob positiv oder negativ, ist aus einem geistigen Bild zusammengesetzt. Auf Grund von Erfahrungen kann unsere Phantasie Bilder in geistiger Form und Reihenfolge zusammenstellen. Diese Bilder werden dann im Unterbewußtsein abgestellt. Ein unendliches Bildarchiv von Kindheit an: das Erleben, das Fühlen, das Tasten, das Riechen, das Schmecken, das Lachen, das Weinen…
Alle diese Dinge sind in einer bildhaften Vorstellung im Unterbewußtsein gespeichert und können jederzeit als

Gefühl wiedergegeben werden, unabhängig von unserem Willen. Unser Unterbewußtsein arbeitet also in Bildern. Auch unsere Phantasie ist nichts anderes als eine geistige Bildvorstellung! Realität und Phantasie können sich im Unterbewußtsein gut vermischen.
Ein Beispiel: Sie sitzen im Kino und sehen einen traurigen Film! Sie weinen! Es ist aber nur ein Film! Doch Sie weinen! Warum? Weil Sie sich in die Szene gut hineindenken können! Sie fühlen also das, was auf der Filmleinwand passiert! Obwohl Ihr Verstand doch sagen müßte: Blödsinn! Ich brauche nicht traurig zu sein und zu weinen, es ist ja nur vorgegaukelt! Es ist ja nur ein Film. Es ist ja gar nicht Wirklichkeit!
Damit will ich einen entscheidenden Satz besser erklären: Phantasie oder Wirklichkeit ist für unser Unterbewußtsein ohne Bedeutung. Sie haben richtig gelesen! Das Gefühl ist beim Film genauso vorhanden wie in der Wirklichkeit! Auf Grund der persönlichen Selbsterfahrung kann also ein Vergleichsbild hervorgeholt werden, und schon wird die Erfahrung oder der Gedanke zum Gefühl! Bleiben wir gleich bei der Gefühlswelt! Sie ist, wie wir wissen, entscheidend für jeden Menschen. Was er fühlt, das glaubt er! Und umgekehrt: Was er glaubt, fühlt er! Der Kreis ist geschlossen! Man kann nicht oft genug erwähnen, daß Glaube und Gedanke immer wieder das entsprechende Gefühl im Menschen auslösen. Wie wir gehört haben, wird das Gefühl über das vegetative Nervensystem gesteuert!

Positive Leitsätze

Nachfolgend finden Sie einige positive Suggestionen für Ihr Unterbewußtsein. Suchen Sie sich jene heraus, die Sie am meisten ansprechen! Helfen Sie sich damit selbst! Ich gebe nur Anregungen dazu.

Ich bin ganz ruhig und gelassen.
Harmonie durchströmt mein ganzes Sein.
Ich lebe geborgen in der Mitte meines Wesens.
Ich ruhe in mir selbst.
Ich fühle mich geborgen in meiner Mitte.
Ich bin selbstbewußt.
Ich bin Licht.
Ich bin Kraft.
Ich bin Leben.
Alle Blumen blühen nur für mich.
Alle Gräser duften nur für mich.
Alle Bäume wachsen nur für mich.
Alle Sterne leuchten nur für mich.
Alle Vögel singen nur für mich.
Alle Flüsse fließen nur für mich.
In einem Wassertropfen spiegelt sich
der ganze Ozean.

Ich liebe mich.
Ich liebe meinen Körper.
Ich liebe meine Hände.
Ich liebe meine Beine.
Ich liebe mein Gesicht.

Ich liebe mein Lächeln.
Ich liebe mich.
Ich bin einmalig.
Ich bin einzigartig.
Ich bin sehr glücklich.
Ich bin das Ebenbild der Schöpfung.
Ich bin stark, gesund und selbstbewußt.
Ich liebe die Sonne.
Ich liebe die Sterne.
Ich liebe das Meer.
Ich liebe die Berge.
Ich liebe die ganze Welt.
Ich bin eins mit der Natur, mit dem Kosmos,
mit dem Universum.
Ich lebe mein Leben, aus der Urkraft des Seins.
Ich bin angeschlossen am Energiefeld des Kosmos.
Ich lasse nun Heilung geschehen.
Ich heile mich.
Ich verzeihe mir und allen anderen.
Ich lebe mein Leben
und fühle mich unendlich geborgen in mir selbst.

Vergangenheit

Wir sind von unserer Vergangenheit geprägt, aber sie ist nicht unser Schicksal: Weil ich so und so geworden bin, kann ich nicht anders! Durch eine solche Ausrede machen wir die Vergangenheit zur Zukunft – und das hat keine Zukunft.

Bleiben wir also nicht in der Vergangenheit hängen, sie ist vorbei, kommt nicht mehr auf uns zu; im Gegenteil, sie geht immer weiter weg von uns.

Vergessen Sie die Vergangenheit. Sie zählt nicht mehr. Wenn Sie Ihre Zukunft schöner und positiver gestalten wollen, so ist die Vergangenheit immer nur im Wege. Alte Verhaltensmuster laufen noch ab. Die Verhaltensmuster aus der Kindheit haben für Sie noch immer große Bedeutung, obwohl alles längst ganz anders ist! Aber wenn wir unsere vergangenen Prägungen erkennen, haben wir die Chance, davon frei zu werden.

Sie müssen Ihre Vergangenheit nicht noch einmal aufrollen, sonst stecken Sie in Problemen fest, die gar keine mehr sind. Die Zeit heilt alle Wunden. Reißen Sie die Wunden aus der Vergangenheit nicht immer wieder auf!

Damit setzen Sie einen Schlußstrich und durch diesen haben Sie jetzt eine wunderbare, einmalige Freiheit gewonnen! Die Gegenwart und die Zukunft sind ein unbeschriebenes Blatt. Sie haben also ab jetzt alle Möglichkeiten zur Verfügung! Nützen Sie diese einmalige Chance! Auf was wollen Sie warten?

Sie können die Vergangenheit nur ruhen lassen, so wie sie

ist. Sie können sowieso nichts ändern, nichts mehr verändern an Dingen, die schon einmal geschehen sind.
Die Vergangenheit ist eine schwere Last, die Sie ganz unnötig mit sich schleppen wie einen schweren Rucksack. Stellen Sie den Rucksack Vergangenheit nieder und befreien Sie sich von Ihrer Last.
Viele negative Suggestionen aus der Vergangenheit wirken noch immer unbewußt auf Sie ein: „Du darfst nicht … Du sollst nicht … Paß doch auf! usw. Alles Sätze, die jetzt keine Berechtigung und daher auch keine Bedeutung mehr haben!
Jetzt sind Sie erwachsen, jetzt entscheiden Sie allein über Ihr Leben, über Ihr Schicksal! Sonst niemand. Schon gar nicht die Vergangenheit!
Vieles im Leben verändert sich. Althergebrachtes wird von neuen Erkenntnissen und Erfahrungen ersetzt.
Also vergessen Sie Ihre Vergangenheit. Lassen Sie sich nicht von Vorurteilen beeinflussen.
Natürlich können Sie die Vergangenheit nicht ganz aus Ihrem Leben streichen, aber schauen Sie in die Zukunft und nicht zurück.

Heute beginnt ein neues Leben!

Beginnen Sie Ihr neues Leben – heute, hier und jetzt! Vergessen Sie die Vergangenheit! Sie kommt nie mehr zurück. Beginnen Sie Ihr neues Leben in Harmonie! Lernen Sie, mit Ihren Gedanken richtig umzugehen. Denken Sie sich Ihr zweites Leben positiv, und Sie werden es positiv erleben! Warum? Weil Sie durch Ihr Denken viele unsichtbare Strahlen aussenden. Sie sind Sender und Empfänger zugleich. Stellen Sie sich den Kosmos als Spiegel vor. Alle positiven Wellen, die Sie aussenden, kommen als positive Strahlen zurück. Ja, durch dieses Zurückstrahlen vermehren sich Ihre positiven Wellen! Senden Sie hingegen negative Strahlen aus, so werden sich natürlich auch die negativen Strahlen vermehren!

Daher beginnen Sie Ihr neues Leben mit einer positiven Ausstrahlung. Sie geben Ihre Wellen weiter! Zum Schluß aber kommen diese positiven Wellen wieder zu Ihnen zurück wie ein Bumerang! Hier schließt sich der Kreis. Unsere Gedanken sind unsichtbare Wellen, die hinaus in den Kosmos strahlen, aber auch von Mensch zu Mensch eilen. Ein Gedanke, mit Energie geladen, wird sein Ziel nicht verfehlen! Ihre Gedanken besitzen eine unvorstellbare Macht!

Viele Krankheiten entstehen zuerst in der Seele. Die Seele wird gekränkt, und sie kann sich nicht wehren. Es entstehen Aggressionen, die sich später in Depressionen umwandeln! Eine kranke Seele kann sich aber auch in körperlichen Beschwerden auswirken. Man spricht dann von psychosomatischen Krankheiten. Die Seele, unser Gefühlsspeicher, liegt ganz nah beim vegetativen Nervensystem. Dieses Nervensystem kann man nicht steuern. Es wird aus dem Unbewußten gesteuert. Wie bereits erwähnt und um uns das immer wieder ins Gedächtnis zurückzurufen: Unser Unterbewußtsein ist eine unendliche Speicherzentrale, wo alle positiven und negativen Erlebnisse aufbewahrt sind. Schon vor der Geburt hat das Unterbewußtsein die Fähigkeit, Eindrücke und Erlebnisse aufzuzeichnen. Bis zum zwanzigsten Lebensjahr ist unser Unterbewußtsein hauptsächlich auf Aufnahme eingestellt. Ab diesem Zeitpunkt beginnt dann die Wiedergabe. Das heißt, bisher Erlebtes, aber auch nur Gedachtes, wird in diesem Endlosspeicher festgehalten. Mit anderen Worten: Alles Gedachte, alle Gefühle und Empfindungen sind bereits aufgezeichnet. Nun hat das Unterbewußtsein die Möglichkeit, alles wiederzugeben. Bei gleichen oder ähnlichen Situationen werden sogenannte Vergleichsbilder in Ihr Bewußtsein gesteuert. Im Kapitel über die Funktion des Unbewußten haben wir an verschiedenen Beispielen gesehen, wie das Unterbewußtsein arbeitet. Auch nachts ist das Unterbewußtsein nicht ausgeschaltet und verarbeitet die Tageseindrücke.

In Ihrem neuen Leben bestimmen Sie selbst Ihre Zukunft! Glauben Sie an die Zukunft, und sie wird Wirklichkeit werden!

Selbstbewußtsein kann man lernen

Wir wollen einmal das Wort Selbstbewußtsein in die drei Wortteile zerlegen: Selbst – bewußt – sein
Als Kind waren wir auf jeden Fall selbstbewußt! Es drehte sich ja alles um uns! Wir standen an erster Stelle. Wir waren der Mittelpunkt der Familie. Das war schön! Es war herrlich! Leider werden jedoch in der Erziehung unserer Kinder – durch eigene anerzogene Gesellschaftszwänge – viele Fehler gemacht!
Du sollst nicht, du darfst nicht, du kannst nicht, ... und viele andere stark einprägsame „Suggestionen" prasselten auf uns nieder. Nun, unser Unterbewußtsein, das ja auf Aufnahme steht, hat natürlich diese Suggestionen gespeichert. Sie sind immer noch gültig! Daher auch die Minderwertigkeitskomplexe! Das Gefühl, „nicht ganz o.k. zu sein", stammt eigentlich aus unserer Kindheit, aus unserer Erziehung! Wer von Ihnen sagt schon:
Ich kann alles, ich weiß alles, ich bin gesund und vital, ich bin schön und strahle immer positive Wellen aus. Nichts, aber rein gar nichts kann mich aus der Ruhe bringen. Mein Leben ist der Augenblick! Ich lebe im Hier und Jetzt! Die Vergangenheit gehört wirklich der Vergangenheit an! Ich brauche sie nicht mehr. Alle Blumen blühen nur für mich, alle Sterne leuchten nur für mich, alle Bäume wachsen nur für mich, alle Flüsse fließen nur für mich, und in einem Wassertropfen spiegelt sich der ganze Ozean! Alle Menschen lieben mich! (Wenn sie das nicht tun, so ist es ihr Problem, nicht meines!) Ich liebe mich selbst und alle andere Menschen!

Ich habe keine Vorurteile! Ich bin das Licht, die Kraft und das Leben! Ich bin die Liebe, die Freude, die Ruhe und Gelassenheit!
Ja, so klingt das, wenn ein selbstbewußter Mensch sich äußert! Um Ihnen auch dieses herrliche Gefühl zu geben, habe ich für Sie auf den folgenden Seiten das Wesentliche zusammengefaßt.

Selbst

Hier geht es vor allem um uns selbst. Um unser Wesen, um unser Gefühlsleben, um unsere geistigen Fähigkeiten, um unsere eigene Person.
Wir selbst sind also an unserem Schicksal beteiligt, im Positiven wie auch im Negativen. Wir selbst können viel entscheiden, nicht zuletzt durch unser positives Denken!
Das Selbst ist immer positiv. Wir selbst sind immer das Leben. Gehen wir zurück bis zu unserer Entstehung. Das Kind wird noch als *Es* bezeichnet. Das Es entwickelt sich im Laufe der Zeit zu einem *Ich*. Über diesem Ich stehen die Eltern, die Erziehung, das sogenannte *Über-Ich*. Es soll wie ein Dach schützen. Leider wird man oft überbehütet, und wenn es einmal darauf ankommt, eine wirkliche Entscheidung zu treffen, wird man zögern. Es kommt zu einer großen Unsicherheit, weil das schützende Dach fehlt. Daher ist es so wichtig, nicht nur die gehörten Ratschläge fürs Leben entgegenzunehmen, sondern auch praktische, eigene Erfahrungen zu sammeln.
Es gilt, das eigene Ich, sich selbst kennenlernen! Einfach selbst fühlen und entscheiden! Einfach selbst für das Ja

und Nein verantwortlich sein. Zum Beispiel in der Meditation, wo man sich mit sich selbst beschäftigt, zum Meditieren Zeit hat, in seinen Körper hineinhört. Das Selbst ist unser Charakter, unser Wesen. Ruhe und Geborgenheit finden wir immer wieder nur in unserem Selbst, in unserer Mitte (Bauchraum, Sonnengeflecht, Unterbewußtsein, Seele).
Versuchen Sie, Ihr Selbst zu finden! Lenken Sie Ihre Aufmerksamkeit auf Ihren Bauchraum. Legen Sie die Hände auf den Bauch und denken Sie folgenden Satz: Ich ruhe in mir selbst! Sie werden sehen, es funktioniert! Üben Sie es, bis Sie sich auf diese Weise Ihrem Selbst genähert haben. Ja, Sie selbst sind die entscheidende Kraft, die Ihr Leben ändern kann! Sie sind einmalig: Vergessen Sie das nicht! Sie sind und bleiben einmalig! Vertrauen Sie Ihrem eigenen Wesenskern! Sie sind immer Sie selbst! Lassen Sie sich durch andere Menschen nicht bestimmen! Geben Sie nicht Ihr eigenes Ich auf! Sie bleiben immer das, was Sie von sich denken! Also denken Sie positiv! Holen Sie sich Ratschläge und gute Tips fürs Leben. Entscheiden Sie aber selbst, ob das eine oder andere auch gut für Sie ist! Denken Sie immer an Ihr Selbst. Es führt Sie durchs Leben. Bleiben Sie auf der positiven Seite. Finden Sie immer zu Ihrem Selbst in Ihrer Mitte.

Bewußt

Erst in späteren Lebensjahren wird uns vieles bewußt. Beruf und Lebensform zwingen uns in eine Situation, die nicht positiv ist. Streß und Ärger stehen an der Tagesordnung. Gerade Streß ist ein negativer Faktor, der die Seele in eine Zwangsjacke steckt. Irgendwann muß sie dann ausbrechen! Dieses Ausbrechen wird uns dann bewußt! Es ist zuviel! Es ist fast nicht mehr möglich, das Leben weiterhin so zu führen, wie man es bis zu diesem Zeitpunkt getan hat. Die Seele schreit um Hilfe – SOS! Das körperliche und damit auch das seelische Gleichgewicht ist in Frage gestellt! Es wird uns bewußt, daß wir Raubbau an unserem eigenen Körper betrieben haben! Streß, Alkohol, Nikotin, durchzechte Nächte, Probleme, finanzielle Schwierigkeiten, zu viele Schulden – alles wird jetzt auf eine Rechnung gesetzt! Das Ergebnis: Zusammenbruch! Viele Dinge, die man bewußt und unbewußt verdrängt hat, kommen jetzt aus dem Unterbewußtsein wieder zum Vorschein! Es ist auch unserem Körper bewußt geworden, daß er nicht mehr so weitermachen kann! Zu wenig Liebe, zu wenig Streicheleinheiten, zu wenig Zeit für das Selbst, zu wenig auf die Gesundheit aufgepaßt, zu wenig erquickenden Schlaf genossen, zu wenig bewußt geworden, daß wir nur das eine Leben haben! Das alles soll uns jetzt bewußt werden!

Zum Glück hat uns der Körper aufmerksam gemacht, daß der bisher eingeschlagene Weg in die Katastrophe führt! Zum Glück kann unser Körper sich wieder regenerieren! Er kann sich wieder fit machen für die Zukunft! Er kann jetzt endlich abschalten und die Lebensbatterien neu auffüllen! Es wird uns jetzt bewußt, daß unser Leben viel zu schön ist, um es achtlos und frühzeitig wegzuwerfen!

Bewußt leben! Was uns wirklich bewußt ist und was wir fühlen können, ist ja nur der Augenblick! Wenn Sie sich bewußt einen Tag gestalten, also Streß abschalten und nur für das Schöne da sind, so ist das mehr wert, als ein ganzes Leben lang nur von schönen Dingen zu träumen und sie nie zu erreichen. Es ist nie zu spät! Gestalten Sie sich einen Tag wirklich nach Ihren persönlichen Vorstellungen! An diesen einen schönen Tag werden Sie noch lange denken! Sie werden sich bald wieder so einen schönen Tag gönnen! Das ist Lebensfreude live! Träumen ist sicher schön, aber immer nur träumen ist zu wenig. Bewußt leben heißt, sich jeden Tag zu freuen und im Hier und Jetzt zu leben! „Jetzt" ist immer ein Erlebnis!

Sein

Darunter verstehe ich das „Jetzt erleben"! Erleben Sie sich selbst! Im Hier und Jetzt! Einfach da sein, einfach sein. Genießen Sie Ihr Sein. Legen Sie sich auf Ihr Bett, und schließen Sie die Augen. Genießen Sie das bewußte Nichtstun. Einfach nur da sein! Sie sind für sich selbst da. Es genügt, dazusein. Nichts wollen, nichts zwingen, zulassen, es geschehen lassen, einfach gelassen sein. Einfach da sein. Sie müssen niemandem etwas beweisen! Wirklich nicht! Sie sind da. Das genügt. Lassen Sie die Harmonie durch Ihren Körper strömen. Selbst wenn Sie ganz ruhig sitzen oder liegen, so arbeitet Ihr Körper für Sie. Er schafft den Ausgleich, er lenkt den Blutstrom vom Herzen weg und zum Herzen hin, er ist verantwortlich für die Sauerstoffzufuhr, einfach für Ihr Wohlbefinden! Alle Zellen arbeiten in Ihrem Körper – Tag und Nacht. Ohne diese wunderbare Funktion wäre es nicht möglich zu existieren. Alles geschieht unbewußt. Sie atmen, Sie sprechen, Sie singen, Sie tanzen, Sie essen, Sie fühlen, Sie lieben, Sie schlafen, Sie gehen, Sie laufen, Sie springen, Sie denken ... Die Regie übernimmt auf jeden Fall Ihr Körper: das wunderbare Zusammenspiel von geistigen, seelischen und körperlichen Kräften! Wunder der Schöpfung! Wunder der Natur! Nun genießen Sie einmal bewußt, was unbewußt in Ihrem Körper geschieht! Es ist einfach toll!

Die Wunderwelt der Gedanken

Unter allen Lebewesen zeichnet den Menschen aus, daß er denken kann. Die Tiere haben einen Instinkt, ein Gefühl für die Gefahr. Ein Tier wittert die Gefahr und setzt fast unbewußt eine Reaktion, um sich aus diesem Gefahrenfeld wieder zu entfernen. Der Mensch hingegen kennt am Anfang gar keine Gefahr. Erst seine persönliche Erfahrung und seine Erziehung lehren ihn, aus der Gefahr zu entfliehen. Der Urinstinkt ist dem Menschen des 20. Jahrhunderts fast verlorengegangen. Nur die alten Naturvölker kennen noch den angeborenen Instinkt für Gefahren.
Der Mensch besitzt aber etwas ganz anderes. Er kann sich mit Hilfe seiner Fähigkeit – zu denken – Wunschbilder ausmalen. Er kann vorausdenken, er kann zurückdenken, er kann sich abstrakte Bilder vorstellen. Er kann das Hier und Jetzt genießen, indem er die momentanen Eindrücke gedanklich aufnimmt und sich positive Bilder dazu vorstellt. Phantasie ist nur dem Menschen eigen. Nur der Mensch besitzt das Unvorstellbare: Er kann mit Hilfe seiner Gedanken in seinem Körper Energie erzeugen!
Es ist fast unvorstellbar, aber wahr! Der Mensch kann also seine Gedanken lenken. Er kann seine Gedanken bewußt steuern! Wenn er an nichts Bestimmtes denkt, so geschehen in seinem Körper viele unbewußte Dinge. Das vegetative Nervensystem steuert ganz allein und selbständig die Funktionen des Herzschlags, des Magen-und-Darm-Traktes, des Blutdrucks, des Pulses und des Atmens, somit alle unbewußten, lebenswichtigen Funktionen! Denkt der

Mensch an irgendeine Funktion, so kann er diese unbewußte Tätigkeit bewußt machen! Großartig! Einmalig! Sein Denken erzeugt Energie, Spannung.
Elektromagnetische Wellen werden durch den Körper zu den betreffenden Organen gesendet. Durch diesen gedanklichen Vorgang verändert sich das unbewußte, vegetative Nervensystem. Denken Sie an das autogene Training, wo man auch bewußt verschiedene Funktionen im Körper beeinflussen kann! Mit einem Wort, der Mensch kann sich durch seine Gedanken, durch seine Art zu denken, total beeinflussen. Er kann organische Tätigkeiten durch die unendliche Macht seiner Gedanken beeinflussen! Ja, er kann sein ganzes Leben verändern durch seine Gedanken! Nicht der Verstand, nicht der Wille sind das Mächtigste, sondern oft nur ein einziger Gedanke!
Unsere Erziehung formt uns meist zu einem negativ denkenden Menschen. Erst die Erkenntnis: Halt! Ich kann ja selbst mein Leben beeinflussen, durch meine eigenen Gedanken, bringt die Wandlung! Ab heute denke ich positiv! Es wird Wirklichkeit werden! Meine Gedanken werden sich durch oftmaliges Wiederholen (= Prägung) in die Realität umsetzen. Eine wirklich unfaßbare Möglichkeit, sein eigenes Leben wirklich zu gestalten! Und doch ist es die Wahrheit!
Denkt der Mensch negativ, wie er es von seiner Erziehung her gewohnt ist, so werden alle negativen Ereignisse, vor denen er sich fürchtet und für die er daher eine negative Energie aufwendet, eintreten! Sie müssen es sogar! Nun ist es aber mit dem positiven Denken genauso! Alles, was ich mir echt und real wünsche, geht in Erfüllung! Ich darf nur

keinen einzigen negativen Gedanken in meine positiven Vorstellungen einlassen!
Nun, viele werden daran zweifeln! Sehen Sie, daran liegt es! Der uneingeschränkte Glaube an die Verwirklichung des Gedankens bringt den sicheren Erfolg! Sie müssen einfach den Glauben an den Anfang setzen.

Der Ursprung unserer Gefühle und Ängste

Jeder Gedanke erzeugt Energie. Durch diese Energie ist es auch möglich, sich ein Bild geistig vorzustellen. Diese Energie verliert sich wieder, wenn der Gedanke nur kurzzeitig und nicht wiederkehrend und konsequent gedacht wird. Fließt jedoch der Gedanke immer wieder in das geistige Vorstellungszentrum zurück, so erzeugt er eine gewisse Spannung, Energie. Diese Spannung fließt in Form von elektromagnetischen Schwingungen durch den ganzen Körper und vermittelt uns ein Gefühl: positiv oder negativ! Denken Sie zum Beispiel an etwas Schönes, so wird sich auch Ihr Körper wohl fühlen! Denken Sie aber an Angst, so wird Ihr Körper dieses ungute Gefühl signalisieren! Sie allein bestimmen Ihr Wohlbefinden!
Jedes Baby muß zunächst Erfahrungen sammeln, will alles angreifen, alles ertasten. Das ist klar. Nur durch Erfahrung kann das dazupassende Gefühl entstehen. Das Baby kennt zunächst nur ein Gefühl. Es ist ein Urinstinkt. Wenn sich die Mutter entfernt, besteht Gefahr! Die Urangst, alleingelassen zu werden! Hilflos zu sein! Allein wird man nicht fertig mit den Problemen. Sie sehen, diese Angst lernen wir schon sehr früh kennen. Später kommt sie dann in einer

ganz anderen Form zu uns. Der Mensch braucht den Menschen. Er braucht Liebe und Zärtlichkeit, er braucht Verständnis, er braucht eben das Gefühl, geliebt zu werden. Alle anderen Gefühle muß das Baby durch Erfahrung lernen. Es muß seine Umwelt erforschen, um dann im Unterbewußtsein das Register für die Welt anlegen zu können: positiv – negativ. Daher ist ein Kind nicht „schlimm", wenn es eine Vase zerbricht! Es will nur sehen, was passiert, wenn man sie runterwirft! Es geht hier nicht um Zerstörung, sondern um Erfahrung! Erst die persönliche Erfahrung zeigt uns, ob wir eine Sache positiv oder negativ empfinden! Ja, im menschlichen Dasein geht es immer um Empfinden, Erfahren: Gefühl der Freude, Gefühl der Enttäuschung, Gefühl der Ruhe und Gelassenheit, Glücksgefühl! Begreifen, erleben, sehen, hören, fühlen. Gedanken können erst entstehen, wenn wir ein persönliches Erlebnis haben. Die Erfahrung bringt das Vorstellungsbild in unser Bewußtsein, aber auch in unser Unterbewußtsein.
Der Mensch erlebt im Laufe eines Tages viele Eindrücke, zum Beispiel: Sonne, Licht, warm, kalt, Mutter, Vater, Geschwister, Familie, Gelassenheit, Wetter, essen, trinken, schlafen, Hungergefühl, Sättigungsgefühl, Lärm, Stille, Musik u. v. a. m. Das Unterbewußtsein als unendlicher Speicher fertigt von diesem „Sehen", „Hören", „Fühlen" ein Bild. Ja, ein Bild, und das bleibt im Unterbewußtsein. Ähnlich wie ein Negativ beim Fotografen.
Sie besitzen also ein Archiv mit Millionen von Bildern! Ein unendlicher Speicher – ein Bilderspeicher. Diese Bilder werden dann in ein Gefühl umgewandelt und über das vegetative Nervensystem in den Körper geleitet. Das Gefühl

entsteht durch ein gleiches oder ähnliches Bild, das wir schon mal erlebt haben.
Um es deutlich zu machen, noch ein Beispiel: Auf der Hauptstraße bei Nr. 50 gehen Sie vorbei und rutschen auf einem Kern aus. Sie stürzen und verletzen sich. Jetzt wird ein Originalbild angefertigt – klick! Nach einiger Zeit, die Zeit spielt aber keine Rolle, gehen Sie wieder auf der Hauptstraße Nr. 50 vorbei. Was passiert? Natürlich! Es fällt Ihnen wieder das Originalbild ein! Sturz, Verletzung! Sofort ist das Gefühl da: Hoffentlich falle ich nicht wieder hin! Um das näher zu beschreiben, gehen wir noch einmal den Fall in einzelnen Schritten durch.
Sie kommen zur Hauptstraße Nr. 50. Da passiert es! Sie treten auf einen Kern – noch ist nichts im Unterbewußtsein verzeichnet außer der Tatsache, daß Sie eben auf der Hauptstraße gehen; und jetzt der Sturz, Verletzung – auch bei der Verletzung spüren Sie erst nachher den Schmerz –, jetzt wieder klick! Und das ganze Ereignis ist vom Unterbewußtsein aufgezeichnet. Das Bild bleibt jetzt in der Erinnerung, das heißt, es ist im Unterbewußtsein gespeichert!
Bewußt vergessen Sie den Vorfall, nach ein paar Tagen ist dieser Vorfall nur mehr unbewußt „verzeichnet“. Nach fünf Monaten gehen Sie wieder auf der Hauptstraße. Sie nähern sich der Nummer 50. Das Unterbewußtsein holt das Originalbild hervor und spielt Ihnen von diesem Originalbild nur das Gefühl Angst in Ihr Bewußtsein, das heißt in Ihren Körper! Auf Grund des Gefühls bekommen Sie dann noch das Erinnerungsbild zusätzlich ins Bewußtsein gespielt! Alles klar? Sie haben also Angst, weil Sie das

entsprechende Gefühl empfunden haben! Das Gefühl veranlaßt Sie nachzudenken, und jetzt wird es bewußt: Ich bin vor fünf Monaten gestürzt! Sie gehen mit einem flauen, unsicheren Gefühl an dieser Stelle vorbei und atmen erst auf, wenn Sie schon ein Stückchen weiter sind. Der Gedanke an den Sturz hat Ihren ganzen Körper total beeinflußt.

Bau Dir eine Insel aus den Gedanken
Deiner wunderbaren Phantasie!
Gestalte selbst das Wann, das Wo und das Wie!
Laß Bäume wachsen, laß Berge entstehen,
tauche hinab in die tiefsten Tiefen,
erklimme die höchsten Höhen!
Berühre Blumen mit Deinen Gedanken!
Laß Tautröpfchen auf grünen Blättern schwanken!
Denk an die Sonne – und sie wird für Dich strahlen!
Nimm den Pinsel der Phantasie – und er wird für Dich malen!
Denk an das Wasser, und es wird für Dich fließen!
Denk an die Liebe, und Gott Amor wird Dich küssen!
Lehre Deine Gedanken das Fliegen!
Wünsche werden sich erfüllen
und das Gute wird einfach siegen!
Laß Dich streicheln vom sanften Sommerwind,
freu Dich wie ein kleines Kind!
Laß muntere kleine helle Bächlein fließen,
laß den Tag mit der Nacht einfach Frieden schließen!
Spür die unendliche Kraft, spür die Harmonie,

spür die große Macht Deiner Phantasie!
Spüre Dich! Und fühle Dein Sein!
Deine positiven, heilenden Gedanken
lassen Dich nie mehr allein!
Trink das Licht der Unendlichkeit,
dann ist Dein Glück auch nicht mehr weit!
Hörst Du, wie die bunten Vöglein singen?
Kannst Du Bäume sprechen hören?
Erkennst Du endlich diese Wunderwelt,
wo oft nur ein Zauberstab aus Gedanken fehlt?
Es liegt nur an Dir, an Deiner wunderbaren
Gedankenwelt!

Die positive Schwingung

Der Mensch besteht nicht nur aus Fleisch und Blut. Viele sensible Nervenbahnen durchziehen den ganzen Körper. Billionen von Zellen versorgen unseren Organismus mit Energie und den lebensnotwendigen Nährstoffen. All diese wunderbaren Funktionen würden aber ohne Steuerung nicht funktionieren. Für den tadellosen und reibungslosen Ablauf sind feine, fast nicht meßbare Strömungen, Wellen und Schwingungen, die unseren Körper durchziehen, verantwortlich. Sie steuern unser gesamtes Nervensystem:
das motorische (für Muskeln und Bewegung verantwortlich) und das vegetative Nervensystem. Beide arbeiten für sich – und doch zusammen! Ein Nervensystem kann das andere beeinflussen. Um nur eine einzige Bewegung zu machen, müssen alle Systeme perfekt zusammenarbeiten. Der Gedanke, das Gehirn, der Impuls, der die Wellen und Ströme auslöst, das vegetative Nervensystem und nicht zuletzt Chemie und Körper, die es erst möglich machen, daß sich ein Muskel bewegen kann. Zum Schluß kommt das motorische Nervensystem, das die Bewegung ausführt!

Großartig, unglaublich, aber wahr! Wir sind ein Wunderwerk, sind einmalig auf dieser Welt! Unendliche Energie ist in unserem Kosmos, in uns, um uns. Energie, die wir täglich nützen können! Wenn unsere Energiefelder schwingen, so fühlen wir uns wohl. Ist ein Energiefeld blockiert oder sogar mehrere, so fallen wir in Depressionen, fühlen uns schwach und werden ängstlich. Minderwertigkeitskomplexe, Unruhezustände und ein allgemeines Unbehagen durchdringt unseren Körper. Unbewußte Signale werden vom Unterbewußtsein weitergegeben und durch das vegetative Nervensystem in den Körper gespielt. Um wieder ein positives Klima und die richtige Schwingung im Körper zu erhalten, hilft die Lichtmeditation und die Energieübung! Auch spezielle Entspannungs- und Aktivierungsmusik bringt die blockierten Energiefelder wieder zum Schwingen. Der Mensch ist sicher das größte Wunder der Schöpfung! Und doch gibt es auch für uns Menschen Grenzen und Naturgesetze! Nicht jeder wird z. B. wissen, daß wir nur Töne hören, die eine Anzahl von mindestens 16 und höchstens 20.000 Schwingungen in der Sekunde haben. Schwingt die Luft weniger oder mehr, so hören wir gar nichts. Es gibt natürlich Lebewesen, die ganz andere Frequenzen hören, z. B. der Hund, er hört über 20.000 Schwingungen; daher das bekannte „Hundepfeiferl“. Man bläst hinein, man hört nichts, und doch kann es der Hund hören und kommt angelaufen; er hört es! Am Rande sei noch erwähnt, daß wir manche Wellen oder auch Schwingungen als Wärme empfinden, andere wiederum als Licht! Es gibt Milliarden von Wellen, Schwingungen und Strahlen, nur einige wenige kennen wir...

Auch Farben haben eine bestimmte Schwingungszahl, die bei hellen Farben höher ist als bei dunklen. In der Optik ergibt eine hohe Schwingungszahl ein grelles Licht und eine niedrige ein trübes. Genauso ist es auch in der Akustik beim Ton. Tiefe Töne haben daher eine niedrige Schwingungszahl (20–100 Hz).

In unserem Fall ist ein Grundsatz ganz wichtig:
Gleiches zieht Gleiches an und erzeugt wieder Gleiches oder Ähnliches! *Negatives zieht Negatives an!*
Daher immer positiv denken, denn genauso *zieht das Positive nur Positives an!*
Nicht zweifeln, ausprobieren!
Wir sprechen immer von Schwingungszahlen.

Ein Beispiel: Viele Menschen sehnen sich nach der Natur, nach einer Wiese, den Blumen und Düften des Waldes! Am Wochenende nimmt man Strapazen auf sich, um in die Natur fahren zu können. Warum? Weil uns frische Blumen und Gräser gut gefallen? Weil sie unser Herz erfreuen? Natürlich! Das Geheimnis liegt aber in der gleichen Schwingungszahl! Blumen, Kräuter, Pflanzen, Gräser und Sträucher haben die gleiche Schwingungszahl wie wir! Warum freut sich jeder (unbewußt), wenn er Blumen geschenkt bekommt? Weil die Blumen die gleiche Schwingungszahl haben wie der Mensch! Es ist die Harmonie, die uns mit der Natur verbindet! Wir kennen nun das Geheimnis der gleichen Schwingungszahl, sie vermittelt uns Harmonie und Wohlbefinden! Sie läßt uns leben! Viele gleiche Schwingungszahlen ergeben Freude, Vitalität und Schaffenskraft.
Ein weiteres Beispiel, das die Akustik betrifft:
Nehmen wir an, in einem Saal steht in jeder Ecke ein Klavier. Wenn man bei einem Klavier die C-Taste anschlägt, dann erklingt der Ton C. Aber nicht nur die C-Saite dieses Klaviers wird schwingen und tönen, sondern auch die C-Saiten aller anderen drei Klaviere! Die der C-Saite zuge-

ordnete Schwingungszahl bringt als Urheber (gleiche Schwingungszahl) die C-Saiten aller anderen Klaviere, die in diesem Raum stehen, zum Schwingen und Klingen! Gleiches erzeugt wieder Gleiches! Wenn Töne mit gleicher oder harmonischer Klangfarbe ertönen, spricht man von der Schwingungsharmonie, z. B. dem C.E.G.-Dreiklang.

Einfache Wege zur Selbstheilung

Das erste und wichtigste Gebot lautet: Liebe deinen Körper! Liebe dich selbst! Glaube an dich selbst! Arbeite an deinem Selbst!
Um wieder ein Ganzes aus unserem Körper zu machen, müssen wir trachten, Körper, Geist und Seele zu einer Einheit werden zu lassen. Dies geschieht, indem wir uns mit Körper, Geist und Seele befassen.

Körper:
Bewegung, leichter Sport, Waldspaziergänge, viel frische, gesunde Luft, Atemübungen, richtige Haltung, Hygiene, wenig Alkohol, kein Nikotin!

Geist:
Geführte Meditationen anhören, selbst Meditationen gestalten und üben, Visualisieren üben, positiv denken, positive Gedanken üben, Vergangenheitsbilder vergessen, positive Zukunftsbilder vorstellen!

Seele:
(Unterbewußtsein, Gefühlsspeicher) Keine Horrorfilme ansehen, keine Schreckensnachrichten in den Zeitungen lesen, nicht in der Nacht fernsehen; allen Katastrophenmeldungen, soweit als möglich, aus dem Weg gehen. Unser Unterbewußtsein nimmt alles auf und bildet dazu ein Gefühl (leider ein negatives!); sich in Geduld und Nachsicht üben!

Hassen Sie niemanden, denn der Haß kommt wieder auf Sie zurück! Positiv: Das Lächeln, das ich aussende, kommt wieder zu mir zurück! Lösen Sie sich von der Vorstellung, daß Geld und Reichtum glücklich machen! Ich habe noch keinen Reichen glücklich gesehen! Lieben Sie Ihren Körper und Ihre Organe! Sie sind dankbar dafür! Sprechen Sie mit Ihren Organen, sagen Sie: Ich liebe dich! Diese Sprache versteht Ihr ganzer Körper, Ihr Geist und auch Ihre Seele!

Nun einige Übungen, die mir sehr geholfen haben bei ganz konkreten Situationen, wo Angst aufgetreten ist.

Straßenbahn fahren

Täglich, wenn möglich 2–3mal üben: Zur Station gehen, warten, bis die Straßenbahn kommt, nicht einsteigen und wieder nach Hause gehen. Nach ein bis drei Wochen nur eine Station fahren, aussteigen und wieder eine Station zurückfahren; so lange, bis Sie ein sicheres Gefühl haben. Dann wieder zwei und drei Stationen fahren, so daß die Strecke langsam immer länger wird. Nicht übertreiben, da sonst ein Rückfall auftreten kann!
Auch wenn es einmal nicht so gut geht, trotzdem weitermachen. Bitte nichts übertreiben! Nicht jeder Tag ist gleich gut! Das macht nichts. Unverdrossen weiterüben! Übung macht den Meister.
Ähnlich vorgehen bei Angst, Autobus zu fahren.

Selbst Auto fahren

Gehen Sie zu Ihrem Auto und sperren es auf. Setzen Sie sich in Ihren Wagen und machen Sie sonst nichts. Üben Sie

das so lange, bis Sie ein gutes, sicheres Gefühl verspüren, es kann unter Umständen einige Wochen dauern, bis Sie sich halbwegs wohl fühlen.
Erst wenn Sie das geschafft haben, dann starten Sie den Wagen und fahren eine ganz kurze Strecke; einmal um den Häuserblock. Bitte langsam und vorsichtig! Auch das üben Sie einige Zeit. Fahren Sie dann im eigenen Bezirk und erst später, wenn es Ihnen gutgeht, versuchen Sie längere Strecken zu fahren. Fahren Sie immer freiwillig, nicht wenn Sie müssen. Verbringen Sie immer einige Zeit im Auto oder in der Nähe, damit Ihr Unterbewußtsein wieder ein positives Bild erhält.

Spazierengehen

Machen Sie am Anfang ganz kleine Spaziergänge, wenn es auch nur bis zum Haustor ist und zurück! Schämen Sie sich nicht, daß Sie das nicht können. Es wird alles wieder gut. Üben Sie speziell Spazierengehen 3–5mal am Tag! Das ist ganz wichtig! Das Unterbewußtsein braucht auch hier ein positives Bild, um das alte negative Bild zu neutralisieren.
Also üben und wieder üben! Nicht verzweifelt sein, wenn ein Tag dabei ist, der gar nicht positiv ist: weiter üben. Übertreiben Sie auch hier nicht! An manchen Tagen werden Sie sagen, heute gehe ich dreimal so weit! Gehen Sie konstant Ihre Runden, immer ein bißchen mehr; das ist der sichere Weg. Sie wollen sich ja wieder sicher fühlen. Also muß man alles ganz von vorne üben, egal ob Autofahren oder Spazierengehen.

Einkaufen gehen

Wenn Sie unter Angstgefühlen beim Einkaufen leiden, so gilt dasselbe wie beim Straßenbahnfahren. Gehen Sie einfach freiwillig zum Einkaufscenter, und zwar fünfmal am Tag! Gehen Sie nur hin und wieder zurück. Erst wenn Sie wieder ein bißchen Vertrauen gewonnen haben, gehen Sie in das Kaufhaus hinein. Bitte kaufen Sie nichts ein. Schauen Sie sich die Leute an und gehen Sie wieder nach Hause. Das muß man oft üben. Erst wenn Sie sicherer geworden sind, dann versuchen Sie einmal zu einer Zeit einkaufen zu gehen, wo nicht viel los ist, sodaß Sie nicht bei der Kasse warten müssen. Auch das ist wichtig. Kaufen Sie nur ein paar Waren, damit Sie auch nicht lange im Kaufhaus sind. Erst viel später, wenn das alles ohne Probleme und Angstgefühle funktioniert, werden Sie so einkaufen, wie Sie es immer getan haben.

Angst, allein zu Hause zu sein

Wenn Sie sich zu Hause fürchten, wenn Sie allein sind, so bitten Sie jemanden, fallweise zu Ihnen zu kommen. Vielleicht können Sie die Nachbarin bitten, zweimal am Tag bei Ihnen vorbeizuschauen. Es kann nichts schiefgehen! Bitte vergessen Sie diesen wichtigen Satz nicht! Lassen Sie das Radio spielen und lenken Sie sich ab. Warten Sie nicht auf die Angstzustände! Wenn es zu arg wird, gehen Sie vor die Wohnungstür, vergessen Sie aber Ihren Wohnungsschlüssel nicht! Gehen Sie vielleicht einmal ums Haus und laufen Sie ein bißchen! Die motorischen Muskeln und das Nervensystem werden dann eine andere Beschäftigung haben, als Angstzustände zu inszenieren. Versuchen Sie, sich einfach abzulenken. Sie wissen ja, daß nichts Schlimmes geschehen kann. Auch wenn dieser Anfall noch so arg ist, es ist doch nur ein starkes, negatives Gefühl, das den ganzen Körper in Mitleidenschaft zieht. Es ist aber nicht lebensgefährlich!

Kino oder Theater gehen

Auch hier gibt es natürlich eine Lernmethode. Achten Sie darauf, sich immer einen Ecksitz zu nehmen! Machen Sie sich nichts daraus, wenn Sie nicht die ganze Vorstellung sehen können. Gehen Sie einfach, wenn Sie glauben, daß es nicht mehr auszuhalten ist. Aber geben Sie nicht auf. Probieren Sie es immer wieder. Einmal wird dieses positive Bild in Ihrem Unterbewußtsein verankert sein! Dann ist alles wieder gut!

Aufzug fahren

Gehen Sie einfach zum Aufzug hin und öffnen die Türe. Steigen Sie aber nicht ein. Schließen Sie die Türe, und gehen Sie wieder weg. Gehen Sie einen Stock tiefer, und holen Sie den Aufzug. Fahren Sie vielleicht mit jemandem mit! Machen Sie das 3–5mal am Tag! Wenn Sie wirklich fahren, so nur ein Stockwerk! Üben Sie es, und auf einmal ist die Angst weg! Haben Sie Vertrauen zu Ihrem eigenen Wesenskern! Es kann Ihnen nichts geschehen!

Freie Plätze

Auch hier gilt dasselbe. Immer wieder mit kleinen Schritten üben! Entwickeln Sie auch hier ein bißchen Selbstbewußtsein! Es kann Ihnen nichts geschehen! Sie werden später sehr stolz sein, wenn Sie diese Hürde geschafft haben! Wichtig ist, daß Sie es nicht aufgeben! Manchmal wird es vielleicht wie am ersten Tag sein. Das macht nichts! Trotzdem sind Sie schon ein großes Stück weiter!

Die Angstzustände in all diesen Situationen entwickeln sich auf die gleiche Weise:
Das Unterbewußtsein (der Gefühlsspeicher also) ist auf Wiedergabe geschaltet, und daher werden negative Gefühle ins vegetative Nervensystem eingeschleust! Dadurch kommt es zu Herzrasen, Zittern, Schwindelgefühl, Atemnot, Benommenheit, Unwirklichkeitsgefühl, Schwindel und ähnlichen Symptomen. Vergleichen Sie es mit einer spiegelglatten Wasserfläche. Werfen Sie nur ein kleines Steinchen ins Wasser, so werden die Wellen auf der ganzen Oberfläche zu sehen und zu spüren sein. Das Wasser ist aber das Element, das nicht nur ruhig, sondern auch sehr stürmisch sein kann, ohne Schaden zu nehmen. Genauso ist es mit dem vegetativen Nervensystem. Auch das hat die Aufgabe, Reize zu übertragen, also weiterzugeben. Es ist wie eine Kettenreaktion! Die Folgen spüren Sie am ganzen Körper, genauso wie bei den Wellen im Wasser! Dann tritt Ruhe ein, bis Sie das nächste Steinchen ins Wasser werfen, dann kommt die nächste Welle! Bei Ihnen ist das „Steinchen“ der nächste negative Gedanke! Die Gedanken lösen solche „Wellen“ aus. Also ganz ruhig. Es kann Ihnen nichts geschehen.

Positiv denken, aber wie?

Suchen Sie sich drei positive Gedanken (Bildvorstellungen), die für Sie persönlich angenehm sind.
Beispiele: Sonne, Gesundheit, Freiheit, Geborgenheit, Liebe, Glücksgefühl, Urlaubsort, Wohlbefinden, wohltuende Entspannung, Harmonie, Lachen, Kinderglück, Harmonie in der Partnerschaft, Wohlbefinden im Körper, Lieblingsmusik, Bewegung, Sport, Aktivität, Lieblingstier usw. (Sie können natürlich auch andere nennen.)
Jetzt schreiben Sie diese Gedanken in drei gleich große Kreise:

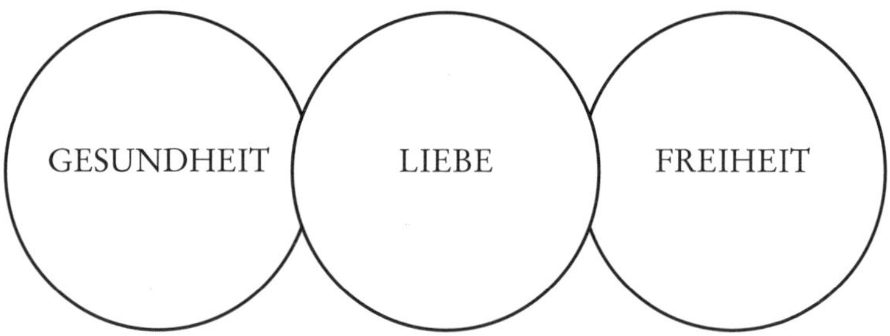

Nun stellen Sie sich einen dieser drei Gedanken ganz fest vor, aber nur 1–2 Sekunden! Dann springen Sie gedanklich auf den nächsten positiven Gedanken! Wieder nur 1 bis 2 Sekunden! Dann geht es weiter zum dritten positiven Gedanken!
Positive Gedankensprünge in Sekundenschnelle: Das ist die Übung für alle Menschen, die positiv denken lernen wollen. Lassen Sie diese Gedanken nun ca. 6–8mal hin und her springen! Üben Sie das öfters am Tag. Nach eini-

ger Zeit wird Ihnen diese Übung immer leichter fallen. Bauen Sie positive Gedanken in Ihr Tagesprogramm ein. Langsam wird sich ein negatives Verhaltensmuster umprogrammieren.

Wichtiger Hinweis:

Positives Denken hat nichts mit der Wirklichkeit und der jetzigen Realität zu tun! Ihre gedanklichen Vorstellungen sollen ein neues positives Zukunftsbild schaffen, das in Ihren Vorstellungen bereits erfüllt ist – sonst funktioniert die Sache nicht!

Beispiel: Wenn es Ihnen heute schlechtgeht, und Sie fühlen sich am Ende Ihrer Kräfte, so ist die positive Gedankenvorstellung: Ich bin ganz gesund und fühle mich wohl! Wunderbare Harmonie und Energie durchströmt mein ganzes Sein!

Zur Erklärung: Das Unterbewußtsein kann nicht denken und nicht entscheiden. Das Unterbewußtsein kennt keinen Unterschied, ob etwas der Realität entspricht oder ob es nur Schein oder Suggestion ist. Es muß es einfach aufnehmen, annehmen und dem Körper über das vegetative Nervensystem weiterleiten.

Positiv denken

Der Mensch strebt nach Glück und Geld,
den Erfolg sucht er auf der ganzen Welt.
Die Suche jedoch wird nie erfolgreich sein,
denn in seinem Herzen ist und bleibt der Mensch allein.
Versuche doch, Dich selbst zu finden,

befreie Dich von allen irdischen Sünden,
befreie Dich von Deiner großen Last,
befrei Dich – weil Du die Macht dazu hast!
Dein Geist ist die unendliche Macht!
Dann kommt das Glück, ganz einfach über Nacht!
Deine Kraft ist der positive Glauben,
den kann Dir keiner rauben!
Auch Dein Körper freut sich über den Entschluß,
daß man im Leben einfach positiv denken muß!
Nur von innen heraus kommt Deine Kraft,
die Ruhe und Harmonie in Deiner Seele schafft!
Blick in Dein Unterbewußtsein,
dann bist Du nie mehr allein!
Liebe Dich – so wie Du bist!
Dann wirst Du von der Liebe geküßt!
Glaub an die Kraft und glaub an Dich,
dann erfüllen all Deine Träume sich!
Mit Deiner Macht, dem positiven Denken,
kannst Du Dir selbst die größte Freude schenken!
Du schenkst Dir Liebe und Kraft,
Du schenkst Dir neuen Lebenssaft,
Du schenkst Dir Ruhe und Gelassenheit,
Du schenkst Dir Glück und Heiterkeit.
Denk einfach positiv – hier und jetzt,
dann wird Deine Seele nie mehr verletzt!
Finde Dich selbst und finde die unendliche Liebe …

Meditation

Unter Meditation verstehe ich das „Abschalten", das Loslassen von den Problemen, von den Alltagssorgen; einfach Entspannungsübungen machen, um in den Genuß der Entspannung zu kommen. Man könnte auch bewußte Ablenkung dazu sagen. Ich mache etwas Positives, damit ich das Negative vergesse; ich übe Entspannung, damit die Spannung abklingen kann, ich lasse einfach los. Eine einfache Art der Meditation ist die geführte Meditation. Hier brauchen Sie nur entspannt zuzuhören.
Ich habe spezielle Kassetten aufgenommen, die allein durch das Zuhören schon Erleichterung bringen. Angst und Depressionszustände bessern sich im Laufe von Wochen, wenn Sie diese Kassetten regelmäßig täglich 1–2mal hören!
Die Kassetten sind so gewählt, daß die Hintergrundmusik positiv auf die Chakren = Energiezentren im Körper Einfluß nimmt. Der ruhige, angenehm gesprochene Text führt Sie ins Reich der Natur und der Phantasie: wohl fühlen – entspannen, auf ganz einfache Weise.
Das Unterbewußtsein öffnet nach kurzer Zeit sein „Tor", und die positiven Suggestionssätze dringen tief in Ihr Wesen. Es ist angenehm, auf diese Weise das Unterbewußtsein anzusprechen, positiv zu beeinflussen und dadurch viele negative Verhaltensmuster zu neutralisieren. Alle Wege führen zur eigenen Mitte. Alle Wege führen zur eigenen Ruhe und Gelassenheit.
Aus dieser Gelassenheit heraus kann sich der Körper wie-

der mit Energie auftanken. In Streßsituationen verbraucht er viel Energie.
Suchen Sie auch selbst in Musikgeschäften und Buchhandlungen nach Meditationsmusik und Kassetten mit positiven Suggestionen, das Angebot ist groß.

Meditation ist ein angenehmer Weg, sich selbst kennenzulernen.
Sie werden erleben, wie angenehm es ist, sich einmal mit sich selbst zu beschäftigen: mit dem eigenen Körper, mit den eigenen Gefühlen, mit der Seele. Auch das Meditieren will gelernt sein. Es ist noch kein Meister vom Himmel gefallen! Üben Sie die Entspannungstechnik. Üben Sie das Loslassen! Üben Sie Gelassenheit. Praktizieren Sie aktive und passive Meditation. Eine passive ist etwa die geführte Meditation, wo man nur das Gehörte auf sich wirken läßt. Nachfolgend einige aktive Meditationen.

Lichtmeditation

Sie ist besonders geeignet gegen alle Formen von Depressionen. Sie legen sich auf Ihr Bett und schließen die Augen! Sie warten einige Minuten, bis sich Ihre Tagesgedanken verflüchtigen: Lassen Sie alle Gedanken wie kleine weiße Wolken vorüberziehen, halten Sie sie nicht auf …
Nun beginnen Sie sich vorzustellen, daß in der Mitte Ihrer Brust eine kleine, helle Lichtquelle ist! Es wird einige Zeit brauchen, bis Sie so weit sind, sich das vorstellen zu können! Versuchen Sie es immer wieder. Wenn Sie sich diese Lichtquelle geistig vorstellen können, haben Sie schon viel

erreicht! Nun geht es weiter. Sie lassen das angenehme, heilende Licht in Ihrer Brust immer größer werden! Können Sie sich das vorstellen?
Nun, wenn das heilende Licht in Ihrer Brust heller und heller wird, schicken Sie es auch in Ihren Unterkörper. Wunderbar! Sie sind das Licht! Ein einmaliges Schauspiel geistiger Vorstellungskraft (visualisieren). Wenn Sie es einmal beherrschen, so wird es Ihnen immer mehr Freude machen. Nun lassen Sie das Licht auch in Ihre Arme und Beine fließen!
Wenn Ihnen das schwerfällt legen Sie sich unter eine helle Lichtquelle, und schließen Sie die Augen:
Ist es nicht schön, einfach das Licht zu sein?
Ist es nicht schön, die ganzen Probleme abzuschalten?
Ist es nicht schön, einmal eine geistige Übung zu machen?
Ist es nicht schön, Angst und Depression mit hellem Licht zu heilen?
Alles Negative fließt nun aus Ihrem Körper! Stellen Sie sich auch das vor. Verweilen Sie eine Zeitlang in diesem angenehmen Ruhe- und Entspannungszustand!
Falls Sie ein krankes Organ haben, so senden Sie das Licht genau dorthin! Dazu lassen Sie das Licht wieder kleiner werden und sammeln es zu einem Lichtbündel! Zu einem Lichtpunkt! Jetzt senden Sie diesen Lichtpunkt zu dem kranken Organ! Wenn Sie vor Ihrem geistigen Auge sehen, wie der Lichtpunkt auf das kranke Organ gerichtet ist, dann lassen Sie das Licht sprechen:
„Ich bin das Licht, ich bin das unendliche Licht! Ich heile dich mit meiner unendlichen Kraft! Mit meiner unendlichen Liebe! Mit meinem unendlichen Licht!“

Lassen Sie nun den Lichtpunkt wieder zu Ihrer Brust zurückgleiten und langsam erlöschen… Warten Sie noch eine Weile, und genießen Sie die tiefe Ruhe und Ausgeglichenheit in Ihrem ganzen Körper!
Üben Sie diese Lichtübung öfters! Sie werden sehen, es funktioniert immer besser!
Licht ist das Gegenteil von Dunkelheit. Depressionen und Ängste finden meistens in der Dunkelheit statt. Licht erhellt die Seele, also unser Unterbewußtsein! Licht ist Liebe! Licht ist Leben, Licht ist Freude, Licht ist Zärtlichkeit, Licht ist einfach das positive Leben!
Seien Sie nicht enttäuscht, wenn Sie speziell für die Lichtmeditation mehrere Wochen brauchen! Das ist ganz normal. Es ist umso schöner, wenn man es dann geschafft hat! Das Licht nimmt Ihnen niemand weg! Sie sind ja das Licht!
Bringen Sie ein wenig Licht in Ihr Leben! Lassen Sie Ihre Seele strahlen! Haben Sie eine positive Ausstrahlung! Innen ist außen und umgekehrt!
Wenn Sie „innerlich strahlen“, so strahlen Sie auch äußerlich! Es wird Ihren Mitmenschen positiv auffallen! Ihre positive Ausstrahlung fällt angenehm auf! Sie sind das Licht! Sie kennen sicher den Ausdruck: „Der Mensch strahlt so eine Ruhe aus!“ Diese Ausstrahlung, diese Ruhe kommt von innen! Es ist die Aura, die positive oder negative Ausstrahlung eines Menschen! Jeder Mensch besitzt eine Aura. Diese Aura kann sich zum Vorteil oder zum Nachteil verändern. Diese Veränderung geht von Ihrer Mitte aus, von Ihrem Unterbewußtsein!

Es gibt viele Arten von Meditationen, suchen Sie nach einer, die Ihnen am meisten entspricht. Informieren Sie sich darüber in angebotenen Kursen oder in Fachbüchern. Die nächste Übung ist ebenfalls sehr gut und außerdem ganz einfach:

Energieübung

Diese Übung können Sie im Sitzen, im Stehen oder im Liegen machen. Sie halten beide Arme ganz locker und drehen die Hände so, daß die Handflächen nach oben gerichtet sind. Im Stehen sollten Sie die Unterarme anwinkeln, sodaß Sie eine Position einnehmen, wie wenn Sie ein Paket halten würden. Im Sitzen können Sie die Unterarme ganz entspannt auf die Oberschenkel legen. Sie halten also jetzt Ihre beiden Hände so, daß die Handflächen nach oben gerichtet sind, die Finger ganz locker, und der ganze Körper soll sich so entspannt wie möglich anfühlen.
Nun schließen Sie die Augen, es ist aber nicht unbedingt erforderlich. Wenn Sie die Augen offenhalten wollen, so blicken Sie bitte nicht auf Ihre Handflächen!
Sagen Sie jetzt den Satz:
Durch meinen ganzen Körper fließt unendliche Energie!
Immer langsam sprechen, damit es Ihr Körper verstehen und aufnehmen kann!
Durch meinen ganzen Körper fließt unendliche Energie!
Noch langsamer werden:
Durch meinen ganzen Körper fließt unendliche Energie!
Sagen Sie diesen Satz 10–20mal hintereinander. Machen Sie diese Übung 3–5mal täglich!

Nach kurzer Zeit werden Sie in den Fingerspitzen und an den Handflächen ein leichtes Ziehen oder Kribbeln spüren, es kann sich auch die Handfläche erwärmen!
Diese Energieübung ist ganz leicht und kann von jedem Menschen gemacht werden! Sie ist ganz außerordentlich wohltuend.
Unser Körper braucht Energie! Ohne Energie sind wir nicht lebensfähig. Ständig, und wenn es der kleinste Prozeß ist, wird Energie benötigt. Energie ist Leben! Leben ist Energie!

Kommen wir zur nächsten wirkungsvollen Entspannungsübung:

Das autogene Training Plus

Gerade diese Methode eignet sich sehr gut, um seelische Probleme wieder besser in den Griff zu bekommen und Spannungen – und daher Verkrampfungen – abzubauen. Diese Übung ist förderlich für gesunden Schlaf, mehr Ruhe, Ausgeglichenheit und eine bessere Durchblutung.
Ich habe mir aufgrund meiner Erfahrungen erlaubt, einige kleine Änderungen und Verbesserungen in diese bekannte Entspannungsmethode einzubauen.
Die Übung sollte dreimal täglich gemacht werden: morgens, mittags und natürlich abends.

Beginn:
Legen Sie sich auf Ihr Bett, und schließen Sie die Augen. Da die Tagesgedanken jetzt sehr rasch durch Ihren Kopf

fließen, warten Sie noch eine Weile, bis Sie mit der Übung beginnen! Lassen Sie Ihre Gedanken nur ruhig kommen, es ist ganz natürlich, daß der Körper nun besondere Gelegenheit hat, Gedanken und Vorstellungen in Ihr Gehirn zu bringen. Ihre Gedanken auch nicht ausschalten, sondern nur umlenken. Nach ca. 2–3 Minuten werden Sie etwas ruhiger geworden sein, und nun stellen Sie sich ein schönes Bild vor, etwa eine Landschaft mit blühenden Blumen und duftenden Wiesen oder einen Meeresstrand mit wunderschönen Palmen. Wichtig ist, daß Sie sich Bilder auswählen, die Ihnen angenehm sind. Sie sollen sich an den Bildgedanken erfreuen!
Nun versuchen Sie, von 10 bis 1 rückwärts zu zählen. Stellen Sie sich jede Zahl deutlich vor, ganz deutlich! So, und nun beginnen Sie – aber nur gedacht, nicht gesprochen – zu zählen: 10 9 8 7 6 5 4 3 2 1
Sind Sie schon ein bißchen ruhiger geworden und glauben, für die Entspannungsübung bereit zu sein? Wenn nicht, beginnen Sie wieder von vorne mit dem Landschaftsbild ...

Nun zur *eigentlichen Übung:*
Sie liegen auf Ihrem Bett und versuchen, so locker wie möglich zu liegen; die Arme ganz leicht angewinkelt, die Fußsohlen fallen leicht nach außen. Sie denken sich jetzt folgende Suggestionen:

Ich bin ganz ruhig.
Meine Arme und Beine sind ganz schwer.
Meine Arme und Beine sind strömend warm.
Ich bin ganz ruhig.

Diese Suggestionen können Sie sich beliebig oft denken!

Beim ersten Satz – Ich bin ganz ruhig – machen Sie nach meiner Methode zwischen jedem gedachten Wort eine Pause von ca. fünf Sekunden. Sie erleichtert dem Körper die Umstellung auf die wichtige Ruhephase. Diese Suggestionssätze können Sie sich beliebig oft denken! Die sogenannte Grundstufe ist eigentlich die wichtigste! Ruhe, Schwere und Wärme sollen in dieser Entspannungsphase vermittelt werden. Die ersten Erfolge werden sich nach ca. 2–3 Monaten einstellen. Nach ca. 2–3 Wochen können Sie einen neuen Suggestionssatz dazunehmen, aber immer erst dann, wenn Sie merken, daß Sie mit den bis jetzt gelernten Suggestionen bereits gut umgehen können. Gut Ding braucht Weile. Bis jetzt haben Sie sich Ruhe, Schwere, Wärme suggeriert.

Jetzt kommen wir auf das Sonnengeflecht (Solarplexus) zu sprechen. Es liegt im oberen Bauchraum, über dem Nabel, wo unsere feinen und äußerst sensiblen Nerven des vegetativen Nervensystems eine Zentrale bilden. Der Name Sonnengeflecht hat also durchaus seine Berechtigung! Es ist wie eine Zentrale, wie eine Sonne, die ausstrahlt.

Die nächste Übung schaut dann so aus:

Ich bin ganz ruhig.
Meine Arme und Beine sind ganz schwer.
Meine Arme und Beine sind strömend warm.
Mein Sonnengeflecht ist strömend warm.
Ich bin ganz ruhig.

Nach jedem Suggestionssatz nicht vergessen: Ich bin ganz ruhig. Und immer die Zwischenpause von ca. fünf Sekunden einhalten! Sie sehen also, es braucht noch einige Zeit

und Übung, bis man sich ein komplettes Programm zusammengestellt hat. Die Mühe lohnt sich!
Weiter geht es mit unseren Suggestionssätzen, jede Woche einen neuen.

Mein Herz schlägt ruhig und gleichmäßig.
Meine Stirn ist angenehm kühl.
Mein Atem geht ruhig und gleichmäßig.
Es atmet mich.

Sollten bei diesen Suggestionen unangenehme Gefühle (z. B. Herz, Atmung...) auftreten, dann lassen Sie diese Sätze weg.

Übungen für alle, die unter Verspannungen leiden:
Mein Schulter-Nacken-Feld ist strömend warm.
Diesen idealen Satz können Sie auch außerhalb des autogenen Trainings benützen, indem Sie sich einfach ruhig hinsetzen und 5–10mal diesen Suggestionssatz denken – langsam denken!

Unser autogenes Training sieht nun komplett so aus:

Ich (Pause) bin (Pause) ganz (Pause) ruhig (Pause).
Meine Arme und Beine sind ganz schwer.
Meine Arme und Beine sind strömend warm.
Mein Sonnengeflecht ist strömend warm.
Mein Herz schlägt ruhig und gleichmäßig.
Meine Stirn ist angenehm kühl.
Mein Atem geht ruhig und gleichmäßig, oder:
Es atmet mich.
Mein Schulter-Nacken-Feld ist strömend warm.
Ich (Pause) bin (Pause) ganz (Pause) ruhig (Pause).

Nun kommen wir zu etwas ganz Wichtigem!

Die Zurücknahme:

Nach diesen gedanklichen Übungen sind Sie in einem Entspannungszustand. Langsam muß sich Ihr Kreislauf wieder dem aktiven Leben zuwenden.
Sie ballen daher Ihre Fäuste, atmen tief ein und ziehen die Hände mit den geballten Fäusten zu Ihrer Brust! Das Einatmen muß hörbar sein! Dann strecken Sie beide Arme schnell vor, und während Sie ausatmen, öffnen Sie die Fäuste! Dies wiederholen Sie 3–5mal!
Dann strecken Sie sich wie nach einem langen, erholsamen, erfrischenden Schlaf! Langsam setzen Sie sich auf, warten noch ein bißchen, bis der Kreislauf wieder in Schwung ist, und dann stehen Sie auf!
Wichtiger Hinweis: Wenn Sie abends Ihre autogene Trainingsübung machen, brauchen Sie nicht zurücknehmen! Sie können gleich ohne Zurücknahme einschlafen! Gute Nacht!
Gelassenheit ist etwas unendlich Wertvolles. Billionen von Nervenzellen arbeiten unaufhörlich in unserem Körper. Viele komplizierte Mechanismen und Systeme müssen zusammenarbeiten, um uns Wohlbefinden zu signalisieren. Körper, Geist und Seele müssen eine Einheit bilden, um unser Harmoniegefühl zu erreichen! Unser Planet Erde ist 4,5 Milliarden Jahre alt. Vor 3,5 Milliarden Jahren entstand das erste Leben im Wasser. Millionen Jahre brauchte die Vegetation, um so zu entstehen, wie sie heute ist. Zeit ist relativ. Niemand, außer dem Menschen, läßt sich auf dieser Erde hetzen! Alles braucht seine Zeit. Streß ist Gift für die Seele!

Nehmen wir uns nur ein Beispiel an der Natur! Hier gibt es keinen Streß. Die Natur hat Zeit ...
Gehen Sie einmal ganz langsam durch den Wald oder durch eine Wiese. Merken Sie, wie die Natur Ruhe und Gelassenheit ausströmt?
Nur der Mensch in seinem Machtstreben bringt alles in Unordnung! Der Mensch ist Mörder und Opfer zugleich! Er vertreibt die Natur, und die Natur vertreibt ihn! Er sieht nicht den unendlichen Reichtum, er zerstört ihn. Doch am Ende ist es eine Selbstzerstörung! Der Mensch zerstört seine eigene Natur, ohne sie zu kennen! Wie viele Menschen wissen schon über ihren eigenen Körper Bescheid? Wieviel Raubbau am Körper wird bewußt und unbewußt betrieben? Der Mensch, der sich immer rühmt, das intelligenteste Wesen auf dieser Erde zu sein, wird mit sich selbst nicht fertig! Ruhe und Gelassenheit wären ein unendlicher Reichtum, doch der Mensch sucht sein Glück in materiellen Dingen. Seine wahren Werte, seine wahren Schätze, zum Beispiel Gesundheit, sieht er nicht. Das wahre Glück, die wahre Zufriedenheit, den wahren Reichtum kann er nur in sich selbst finden. Viele Entspannungsmethoden führen in das Reich der Mitte, in sich selbst, in die wahre Harmonie. Menschen, die sich mit solchen Dingen befassen, sind glücklicher und nicht so leicht aus den Angeln zu heben. Sie strahlen eben Ruhe und Gelassenheit aus. Auch Sie werden wieder zu diesen glücklichen Menschen zählen!

Die „geführte Meditation"

Um es persönlicher zu machen, schreibe ich die Meditation in der „Du-Form".
Suche Dir einen Platz, wo Du dich gut fühlst und wo Du entspannen kannst.
Lies nun ganz langsam diese geführte Meditation, so als wenn Du sie einem Kind vorlesen würdest, ganz ruhig und langsam:

Schließe Deine Augen und entspanne Dich.
Stell Dir vor, Du liegst auf einer Wiese – alle Deine Lieblingsblumen blühen – und Du fühlst Dich wohl…

Der Himmel ist blau und die Sonne strahlt den ganzen Tag! Kleine weiße Wolken ziehen vorüber. Du spürst, wie Dein Körper sich immer mehr und mehr entspannen kann. Du nimmst die Strahlen der Sonne auf und fühlst Dich einfach wunderbar! Die Gräser und Sträucher wiegen sich im sanften, lauen Sommerwind.

Du hörst das Plätschern eines Baches – und die Vögel singen ihre schönsten Lieder. Du bist jetzt ganz mit der Natur verbunden.

In diesem wunderbaren Zustand der Entspannung kann sich Dein Körper immer mehr und mehr erholen und neue Energien tanken.

Du gehst jetzt ganz langsam über diese wunderschöne, blühende, duftende Wiese und nimmst alles in Dich auf. Du fühlst Dich ganz geborgen.

Du kommst jetzt zu einer Waldlichtung…

Du gehst jetzt in diesen Wald hinein und spürst die angenehme Kühle des Waldes…

Du hörst den Kuckuck rufen und bist glücklich.

Du spürst das weiche, grüne Moos unter Deinen Füßen und genießt einfach diesen herrlichen Tag…

Du hörst in der Ferne einen Wasserfall rauschen.

Langsam näherst Du Dich diesem Wasserfall und spürst die feinen, glitzernden Wassertröpfchen auf Deiner Haut…

Die Sonne strahlt noch immer und wärmt Deine Haut.

Du legst Deine Kleider ab und stellst Dich unter das brausende, herrlich erfrischende Wasser des Wasserfalls!

Du läßt nun Körper, Geist und Seele von allen negativen Schwingungen reinwaschen!

Du genießt jeden Augenblick dieses herrlichen, angenehmen Bades!
Du fühlst Dich jetzt wie „neugeboren“!

Du legst Dich in die Wiese und läßt Deine nasse Haut von der Sonne trocknen…

Dir ist angenehm warm und Du räkelst Dich genußvoll im goldenen Sonnenlicht! Du fühlst Dich jetzt grenzenlos glücklich!

Rund um Dich blühen viele farbenprächtige Blumen, die einen herrlichen, einmaligen Duft verbreiten. Über Dir am blauen Himmel ziehen bunte Vögel lautlos dahin…

Körper, Geist und Seele sind jetzt in Harmonie!

Nun lenkst Du Deine Aufmerksamkeit auf ein wunderbares, schönes, weißes Schloß, das sich in der Ferne auf einem kleinen, grünen Hügel erhebt ...

Ganz langsam bewegst Du Dich darauf zu ...
Die goldenen Spitzen und Türmchen des Schlosses glitzern im goldenen Sonnenlicht ...

Das große, weiße Tor steht einladend für Dich offen. Ganz erwartungsvoll betrittst Du nun dieses wunderschöne Schloß!

Du kommst jetzt in eine große Halle, in der sich sieben geheimnisvolle Türen befinden!

Du öffnest eine Türe und kommst in einen Raum, der ganz in Rot gehalten ist ...

Du stellst Dich in die Mitte des Raumes und läßt die Farbe Rot auf Dich wirken ...

Langsam gehst Du in den nächsten Raum, der ganz in die Farbe Orange getaucht ist. Auch diese Farbe nimmst Du in Deinen Körper auf.

Hinter der nächsten Tür befindet sich ein Raum, der ein helles, wunderbares Gelb ausstrahlt ...
Wieder läßt Du diese Farbe auf Deinen Körper und Deine Seele wirken ...

Im nächsten Raum leuchtet Dir die Farbe Grün entgegen, die besonders Dein Herz erfreut!

Spüre jetzt Deine innere Ausgeglichenheit!

Du betrittst den nächsten Raum und bist von der Farbe Blau umgeben, die Du auch wieder in Deinen Körper aufnimmst!

Beim Öffnen der nächsten Türe bist Du in violettes, wunderbares, heilsames Licht getaucht! Du spürst jetzt, daß Heilung möglich ist und daß jetzt, gerade jetzt in Deinem Körper Heilung geschieht! Du fühlst Dich einfach unsagbar glücklich!

Die letzte Türe führt Dich in einen wunderschönen hellen, weißen Raum, der von goldenem Sonnenlicht durchflutet ist!

Jetzt bist Du am Ziel! Du bist Energie, Körper und Seele zugleich!

Grenzenlose *Harmonie* durchströmt Dein ganzes Sein!

Du bist jetzt ganz ruhig, entspannt und glücklich!

Ganz ruhig, entspannt und glücklich ...
Ganz ruhig ...
Führe Dich selbst wieder zurück ins Hier und Jetzt, indem Du Deinen Körper behaglich streckst und die Augen aufschlägst!

Liebesbriefe an den Körper

Kennst Du Deinen Körper? Kennst Du die Wunder, die täglich passieren, um Dir das Leben in Deinem Körper überhaupt zu ermöglichen?
Lerne Deinen Körper kennen, schätzen und lieben!
Auch wenn Du keine medizinischen Kenntnisse über die Anatomie Deines Körpers hast, ist folgendes ganz wichtig: Schreibe Deinem Körper einen Liebesbrief!

Lieber Körper!

Ich danke dir von ganzem Herzen, daß du so viel für mich tust!
Deine täglichen Leistungen sind ganz wunderbar und einmalig!
Ich danke allen Zellen für ihre wunderbare, einzigartige Funktion!
Ich danke meinen Organen für die Arbeit, die sie Tag und Nacht für mich leisten!
Danke!

Liebes Herz!

Ich danke dir für deine wunderbaren Gefühle, die mich immer wieder glücklich machen! Du schlägst nur für mich Tag und Nacht – ein ganzes Leben lang! All deine Kraft, deine Energie und Leistung stellst du mir immer zur Verfügung!

Du bist einfach großartig!
Wenn ich einen geliebten Menschen sehe, läßt das mein Herz höher schlagen! Durch dich empfange ich das einmalige Gefühl LIEBE!
Du bist immer für mich da! Ich liebe dich!
Dir schenke ich meine ganze Aufmerksamkeit, und ich werde dich in Zukunft nicht mehr mit negativen Gedanken und Handlungen belasten!
Danke!

Lieber Kreislauf!

Alles hängt von deiner Funktion ab. Ich weiß, ich habe dich oft unnötig belastet. Bitte sei wieder gut, ich werde mich sehr bemühen, an dich zu denken, und dadurch vernünftiger und vor allem gesünder leben!
Ich danke dir, daß du trotzdem immer versucht hast, alles wieder ins reine zu bringen! Von heute an werde ich für mehr frische und gesunde Luft sorgen (das Rauchen aufgeben!), mich mehr sportlich bewegen und nicht nur stundenlang vorm Fernseher sitzen und mir langweilige, nichtssagende Programme ansehen!
Auch meine Eß-Gewohnheiten werde ich nötigenfalls umstellen, damit du nicht noch mehr belastet bist! Ja, das will ich wirklich tun! Jetzt freue ich mich schon darauf, dir in deiner schweren, mühsamen Arbeit zu helfen und dich mit einer gesunden Lebensweise zu unterstützen, statt dich durch eine unsinnige Lebensweise zu hindern!
Noch einmal danke ich dir von ganzem Herzen, für alles, was du für mich bis jetzt getan hast, und für alles, was du

weiterhin für mich tun wirst! Je mehr ich über meinen Körper nachdenke, umso mehr wird mir der Zusammenhang der Natur, der Schöpfung und des Universums klar! Nun, lieber Kreislauf, arbeite weiter und schenke mir dadurch Lebensfreude, Gesundheit und Vitalität! Verbinde alle Organfunktionen mit Harmonie und uneingeschränkter Kraft! Ich bedanke mich bei dir mit Achtung und Demut!
Ich liebe dich!

Liebe Lunge!

Einatmen – ausatmen, das ist Leben!
Ohne deine Fähigkeit, den lebensnotwendigen Sauerstoff einzuatmen und Stickstoff auszuatmen, würde ich keine Sekunde lebensfähig sein. Immer wieder versuchst du, Sauerstoff zu bekommen, um Körper, Geist und Seele glücklich zu machen!
Tag und Nacht versuchst du, Schadstoffe aus meinem Körper zu entfernen (Nikotin, Luftbelastung …).
Ich danke dir dafür und schenke dir in Zukunft meine ganze Liebe und Aufmerksamkeit!
Danke!

Lieber Magen!

Es ist fast unvorstellbar, was du alles „verdaust“, z. B. Fleisch! Etwas, was für uns Menschen gar nicht bestimmt ist! Alle Fleisch-Esser haben nämlich einen kurzen Darm! Wir Menschen haben einen langen Darm. Für uns wäre

Rohkost, Gemüse, Obst, Salat eine „natürliche Kost“, ja das Richtige! Trotzdem nimmst du es auf dich und versuchst, alles zu verdauen und zu verwerten.
Du setzt immer wieder deine fast unerschöpflichen Kräfte und Säfte ein, um alle Nahrungsmittel, die oft gar keine „Lebens“-Mittel sind, doch so gut als möglich zu verdauen und weiterzugeben. All die heißen und kalten Getränke verarbeitest du für mich und stehst immer zur Verfügung!
Dafür danke ich dir und verspreche Besserung.
Ich werde versuchen, nur wirklich sinnvolle, vitaminhaltige „Lebensmittel“ zu essen! Ich werde jetzt viel mehr Aufmerksamkeit und Liebe zu dir senden! Du hast meine uneingeschränkte Bewunderung! Ich liebe dich! Bitte, mach weiter so!
Danke!

Liebe Leber!

Als Entgiftungsstation hast du es sicher sehr schwer, alle Situationen und alle Anforderungen zu meistern.
Es ist schon gewaltig, wie du es immer wieder schaffst, doch noch alle Flüssigkeiten zu reinigen, alles zu „klären“ und so dem Körper weiterzureichen.
Dafür danke ich dir und werde in Zukunft mehr Achtsamkeit in der Auswahl meiner Speisen walten lassen.
Natürlich werde ich meinen Alkoholkonsum bremsen.
Ich schenke dir meine Liebe und Aufmerksamkeit!
Danke!

Lieber Darm!

Deine einmalige, bewundernswerte Fähigkeit, aus den Speisen Nährstoffe, Spurenelemente und Vitamine aufzunehmen, ist einfach gigantisch!
Du schaffst es immer wieder, für den Körper wichtige Mineralstoffe aus unserer qualitativ schlechten Nahrung herauszufiltern und doch noch für unsere Energie und Gesundheit einzusetzen! Ich danke dir dafür!
Danke!

Liebe Niere!

Auch du hast meine ganze Bewunderung! Du sorgst für die richtige Entgiftung und Ausscheidung. Du versuchst, so rasch als möglich, Giftstoffe aus dem Körper zu bringen, die unsere Gesundheit gefährden könnten.
Ich weiß, zu deiner Arbeit brauchst du sehr viel Flüssigkeit! Ich werde mich in Zukunft bemühen, immer genug Flüssigkeit (1 bis 2 Liter Wasser) zu trinken!
Ich danke dir für alles! Bitte verzeih mir, was ich dir bis jetzt angetan habe!
Danke!

Mit weiteren Liebesbriefen bedanke Dich bei allen einmaligen, wunderbaren, einzigartigen Nervenzellen, Muskeln und Gelenken!

Folgende lichtvolle positive Sätze werden Dich und Deinen Körper stärken:

Ich schenke dir all meine Liebe, Wärme und Zärtlichkeit!

Mein Licht stärkt dich, erfüllt dich mit Geborgenheit und Harmonie und läßt Heilung geschehen!

Energie durch Kinesiologie

Kinesiologie (Kinästhetik, Kinesis) bedeutet soviel wie: Bewegungslehre, Energiebewegungen für unseren Körper. Mit einfachen Übungen gelingt es, Streß abzubauen und die Gehirn-Integration, das heißt eine Balance, zwischen den beiden Gehirnhälften zu erreichen.
Wenn ein akuter Angstanfall oder eine Panikattacke droht, so ist es gut, das vegetative Nervensystem auf das motorische Nervensystem umzuschalten!
Kinesiologische Energiebewegungen können die Balance zwischen Körper, Geist und Seele wieder erreichen. Auch psychosomatische Symptome werden mit diesen Energiebewegungen aus der Kinesiologie wesentlich verbessert.
Die folgenden Energiebewegungen können bereits mit Kindern ab dem 4. Lebensjahr gemacht werden!
Achtung! Nach den Übungen soll man immer ein Glas Wasser trinken, nur reines Quell- oder Leitungswasser! Dies ist ganz wichtig! Wasser bringt die Energien zum Fließen und unseren Körper wieder in ein energetisches Gleichgewicht!
Viel Spaß und viel Erfolg!

Cross Crawl

Es handelt sich um einfache Überkreuzbewegungen:
- rechter Ellbogen zum linken Knie,
- linker Ellbogen zum rechten Knie,
- die Augen schauen dabei nach links oben.

Je 15mal hintereinander ausführen.

Anwendung: Zusammenschaltung beider Gehirnhälften, Balancierung rechts und links

Die Gehirnknöpfe

Massiere mit Daumen und zwei Fingern der einen Hand die Punkte rechts und links in der Grube unterhalb des Schlüsselbeines und der ersten Rippe. Mit zwei Fingern der anderen Hand hältst Du Deinen Nabel.

Anwendung: Zusammenschaltung der beiden Gehirnhälften, Balancierung

Die Erdknöpfe

Du berührst mit je zwei Fingern der einen Hand den Rand des Schambeines und mit zwei Fingern der anderen Hand den Punkt unterhalb der Unterlippe; ca. 30 Sekunden, dann Handwechsel.

Anwendung: Schulter- und Nackenverspannungen, gegen Schwindel, Reisekrankheit; Zentralmeridian, Stabilisierung

Die Raumknöpfe

Du berührst mit zwei Fingern der einen Hand das Steißbein und mit zwei Fingern der anderen Hand den Punkt oberhalb der Oberlippe; ca. 30 Sekunden oder so lange, bis Du den Energie-Puls spürst.

Anwendung: Streß, Wirbelsäulenprobleme, Wahrnehmung

Die positiven Punkte
(neurovaskuläre Punkte)

Die Stirnbeinhöcker sind zwei Punkte, die auf einer gedachten waagrechten Linie zwischen dem Haaransatz und den Augenbrauen liegen.
Du legst Zeige- und Mittelfinger der rechten Hand auf den rechten Stirnbeinhöcker und dieselben Finger der anderen Hand auf die linken Stirnbeinhöcker.

Die positiven Punkte können zusätzlich immer dann gehalten werden, wenn Du Streß empfindest und klares Denken im Moment nicht möglich ist.

Anwendung: Positive Punkte bringen eine seelische und körperliche Balance; bei Streß, Überforderung, Weinkrämpfen

Der Wayne Cook

1. Phase:
- Du sitzt möglichst aufrecht auf der Stuhlkante und legst das linke Bein über das rechte Knie.
- Halte mit der rechten Hand den linken Fußknöchel und mit der linken Hand die linke Fußsohle.
- Entspanne Dich. Während Du einatmest, berührt die Zungenspitze den Gaumen.
- Atmest Du aus, legt sich die Zungenspitze hinter die Zähne des Unterkiefers.
- Dauer: 1 bis 2 Minuten.

2. Phase:
- Beide Füße berühren den Boden.
- Du bringst die Hände zusammen, sodaß sich die Fingerspitzen berühren.
- Die Atmung von vorhin wird beibehalten.
- Dauer: 1 bis 2 Minuten.

Anwendung: gegen Depressionen, Mutlosigkeit; Gehirnintegration

Der Golden Twist

1. Phase: Während des Drehens bringst Du beim Einatmen die Zungenspitze an den Gaumen. Beim Ausatmen legst Du die Zunge wieder nach unten.

2. Phase: Während des Drehens schiebst Du Deinen Unterkiefer zur Seite: wenn der rechte Arm vorne ist, Unterkiefer nach rechts schieben, wenn der linke Arm vorne ist, den Unterkiefer nach links schieben.

Anwendung: Schulter- und Nackenverspannungen, Energie der Wirbelsäule aktivieren, Zentrierung, Kiefer- und Beckenbalance

Die Ohren achten

Du beugst Deine Knie und legst das linke Ohr auf den ausgestreckten Oberarm. Der Kopf bleibt während der gesamten Übung fest mit der Schulter verbunden, die Augen sehen auf die Finger.
Nun malst Du liegende Achter in die Luft. Du beginnst immer von der Mitte ausgehend nach rechts oder links oben. Dabei gehst Du genauso weit nach oben, wie Du nach unten gehst, nach links ebenso weit wie nach rechts. Danach machst Du die Übung mit dem anderen Arm.

Anwendung: Ohrenenergie aktivieren hilft beim Lesen und Schreiben, entspannt die Halsmuskeln

Die Augen achten

Du malst mit dem ausgestreckten Arm eine liegende Acht in die Luft. Dabei beginnst Du in der Mitte nach oben und gehst seitlich nach unten.
Während des Achtermalens bleibt der Kopf ruhig. Du folgst Deiner Hand mit den Augen. Das Tempo wird der Augenbewegung angepaßt.

Anwendung: bei Computerarbeit, langem Sitzen, Lesen und Schreiben; Augenenergie, Gehirnintegration

Zwischen gestern und heute

Als ich noch unter schweren Panikattacken und Ängsten litt, konnte ich mir eine heile Welt nicht mehr vorstellen. Ich war so verzweifelt, daß ich keinen positiven Gedanken mehr fassen konnte. Ich wußte nicht, was mit mir plötzlich los war. Alles schien einfach vorbei zu sein …
Ein großer Verwandlungsprozeß begann. Ein Prozeß, den ich erst gar nicht wahrnahm.
Alles hatte plötzlich seinen Wert verloren. Eine schöne Wohnung, ein tolles Fernsehgerät, ein Videorecorder, meine Fotosammlung, alles war so sinnlos, wertlos und nichtssagend geworden …
Nur meine große Angst, meine Depression stand im Vordergrund. Ich wollte doch nur einmal ruhig und gelassen sein. Aber gerade dies war in dieser Zeit der Angst nicht möglich.
Die Zeit blieb nicht stehen, und ich erkannte eines Tages ganz andere Werte in meinem Leben!
Zwischen gestern und heute liegt eine ganze Welt! Alles hat sich geändert! Ein neues, wunderbares, einzigartiges Leben begann! Die Reise nach innen, die Reise zu meinem Selbst hat sich wirklich gelohnt. Es war keine freiwillige Reise! Das Schicksal setzte mich gewaltsam in den Zug der Angst und ließ mich durch den pechschwarzen Tunnel der Depression fahren! Die schreckliche Angst saß dicht neben mir und ließ mich nicht zur Ruhe kommen. Alles, was mir einmal lieb und wert erschien, verlor in einer Sekunde die Wertigkeit …

Alle meine Hoffnungen und Wünsche blieben auf dieser scheinbaren „Todesstrecke“, und es gab kein Haltesignal!

Nach drei qualvollen Jahren der endlosen Reise erschien plötzlich ein Licht am Ende des Tunnels!
Es war das Licht der Erkenntnis! Es war die Rettung! Ja, ich erkannte, daß meine negativen Gedanken alles noch viel schlimmer gemacht haben, und daß ich nur dann den Zug der Angst und Panik anhalten konnte, wenn ich mein „Reiseziel“ durch meine Gedanken änderte! Die positiven Gedanken bremsten den Zug, und ich konnte aussteigen!
Ich habe auf dieser Reise viel gelernt. Ich habe gelernt, mir selbst zu helfen! Ich habe gelernt, daß Geld und Besitz keine wahren Werte sind, die mich auf Dauer glücklich machen können.
Ich habe gelernt, mich an den einfachen Dingen des Lebens zu erfreuen!
Alles ist jetzt ganz anders!
Ich sehe jetzt alles in einem anderen „Licht“!
Ich erkenne die vielen Wunder der Schöpfung, der Natur!
Es ist schön, wieder glücklich zu sein!

Wenn Sie Fragen haben, dann schreiben Sie mir:
Peter Nowotny
Goethestraße 13/5
A-2500 Baden